Klaus Kiermeier (Hrsg.)
Und scho is wieder Weihnachten

Klaus Kiermeier (Hrsg.)
Und scho is wieder Weihnachten
Bayerische Geschichten zum Schmunzeln

BAYERLAND

Unser gesamtes lieferbares Programm und Informationen
über Neuerscheinungen finden Sie unter www.bayerland.de

Verlag und Gesamtherstellung:
Druckerei und Verlagsanstalt »Bayerland« GmbH
85221 Dachau, Konrad-Adenauer-Straße 19

Titelbild: Gabriele Münter »Tannen im Winter«
© Christie's Images Ltd. / ARTOTHEK

Alle Rechte vorbehalten.

© Druckerei und Verlagsanstalt »Bayerland« GmbH
85221 Dachau, 2016

Printed in Germany · ISBN 978-3-89251-485-5

Inhalt

Jutta Makowsky: Adventskerzen
(und was man damit machen kann) 9
Robert Naegele: Zweige für einen Adventskranz 10
Astrid Schäfer: Man muss sich nur zu helfen wissen 12
Alfons Schweiggert: Der Tanzengel 14
Helmut Seitz: Neuigkeiten vom Nikolaus 18
Margaret Kassajep: Fräulein Nikolaus 19
Kurt Wilhelm: Niggelaus.............................. 21
Josef Fendl: Der Nikolaus bei Habersacks 29
Anna Croissant-Rust: Wer fürchtet sich vorm Klaubauf? 30
Sieglinde Ostermeier: Mid de guadn Vorsätz 35
Leopold Kammerer: Einfach gekonnt 36
Jutta Makowsky: Backzillus liegt in der Luft 39
Monika Pauderer: Backen macht lustig! 40
Leopold Kammerer: Zu was denn an Christkindlmarkt? 44
Herbert Schneider: In der Falle 47
Sigi Sommer: Kripperlmarktbericht 49
Walter Zauner: Der Christkindlmarkt-Experte 51
Heinrich Ludwig: Kopfschein 53
Sieglinde Ostermeier: Kalenderadvent..................... 55
Josef Fendl: Events in den vier Adventswochen 58
Maria Jelen: Der Saudiebstahl 59
Leopold Kammerer: Eine denkwürdige Weihnachtsfeier 63
Lena Christ: Die Christbaumversteigerung 69
Oskar Maria Graf: Das verpfuschte Theaterspielen 71
Annemarie Köllerer: Der Erzengel Michael 72
Lena Christ: Das Christkindl 74
Astrid Schäfer: Engel gibt's!........................... 75

Jutta Makowsky: Ein Engel im U-Bahn-Bereich 77
Josef Fendl: Ochs und Esel 78
Robert Naegele: Dr Kripplesberg 79
Gerhard Winkler: Die Schlacht von Bethlehem 80
Hanns Vogel: Wias Christkindl von Atzlbach verschwunden is . . 84
Sieglinde Ostermeier: Weihnachtsgruaß 88
Herbert Schneider: Hickhack vor Weihnachten 89
Alfons Schweiggert: Das Christkind im Postamt 90
Herbert Schneider: Ein Geschenk für Anita 91
Harald Grill: O Tannenbaum, o Tannenbaum … 92
Annemarie Köllerer: 's Christbaamkaffa 96
Hans Breinlinger: Der gestohlene Christbaum 97
Hanns Vogel: Zacherl und die Christbaumhandlerin 100
Leopold Kammerer: Der geschenkte Christbaum 104
Lieselotte Weidner: Aber der Hans, der kann's 108
Josef Fendl: Christbaum-Topografie 109
Jutta Makowsky: Christbaum für die Katz 110
Monika Pauderer: Alles dreht sich um Weihnachten! 112
Karl Heinrich Waggerl: Die stillste Zeit im Jahr 115
Jutta Makowsky: Biblische Ereignisse 119
Maria Jelen: Als ich das Christkind sah 122
Günter Renkl: Waffenstillstand 124
Ingrid Hagspiel: Heiligabendmahl 126
Jutta Makowsky: Tante Selmas »Herinkssalat« 127
Herbert Schneider: Weißwürscht für den Frieden 129
Sieglinde Ostermeier: Ned oiß 131
Ludwig Thoma: Der Christabend 132
Rolf Rettich: Robert zu Weihnachten 135
Oskar Weber: Wenn in der Mettennacht die Rösser reden 138
Astrid Schäfer: Das perfekte (Weihnachts-)Dinner 142
Josef Fendl: »Exstinguas!« 145

Günter Goepfert: Die Rau(sch)nacht des Alois Silbernagel 145
Oskar Weber: Dreikönigsmenagerie 148
Herbert Schneider: Alle bösen Geister! 150
Heinrich Ludwig: Drei dunkle Gestalten 152
Sieglinde Ostermeier: Kripperlsucht 154

Nachwort 157
Quellen 158

JUTTA MAKOWSKY: Adventskerzen
(und was man damit machen kann)

Kerzen sind zum Anzünden da. Hohe weiße verbreiten Feierlichkeit. Mir sind die kurzen dicken lieber, rot oder honiggelb. Am schönsten sind sie in der Morgen- oder Abenddämmerung, die jetzt im Dezember zur üblichen Frühstücks- oder Nachmittagsteezeit stattfindet. So eine kleine Mahlzeit bei Kerzenlicht, möglichst noch untermalt von Barockmusik – dabei lassen sich Gedanken ordnen, Pläne machen. Stille friedliche Pläne, das kommende Weihnachtsfest betreffend. Man kann auch ein frisches Tannenzweiglein über (nicht in!) die Flamme halten; nach einer Weile fängt es an zu knistern und zu duften – ach, zu duften! Ein ganzer Kinderweihnachtshimmel tut sich da auf. Ja, denkt man da als jungverheiratete Frau, wie herrlich wird das erst sein, wenn einmal Kinder da sind ...

Dann sind Kinder da.

Sie gucken und staunen eigentlich nur in den ersten Monaten. Sobald sie greifen können, wird die Sache gefährlich. Wenn man die Kerze in Sicherheit bringt, geht das Geschrei los.

Bald lernen sie, dass man Kerzen auspusten kann. Sie pusten von allen Seiten. Versehentlich geht manchmal etwas Spucke mit, das erhöht noch den Spaß. Kuchenkrümel und leichte Dekorationsartikel werden auch mitgepustet. Der traulich gedeckte Adventstisch gleicht bald einem Schlachtfeld.

Wenn man älter und reifer geworden ist, lassen sich aber noch ganz andere Sachen mit Adventskerzen anfangen:

Man kann als Mutprobe mit dem Finger durch die Flamme fahren.

Man kann mit angefeuchteten Daumen und Zeigefinger den Docht löschen – und dies so oft, bis er sich nicht mehr anzünden lässt.

Man kann aus dem heruntergestopften Wachs Kügelchen kneten. Die kann man sich über den Tisch gegenseitig an den Kopf schießen.

Man kann den abgesoffenen Docht mit Hilfe von Essbestecken wieder aufzurichten versuchen (was meistens misslingt). Halbweiches Stearin bietet der Fantasie und der Tischverschmutzung ungeahnte Möglichkeiten.

Man kann auch bei Kerzenlicht Zeitung lesen und dieselbe beim Umblättern in die Flamme bringen. Sodann lässt sich Geistesgegenwart beweisen, indem man den beginnenden Zimmerbrand mit einem gerade greifbaren Getränk, Tee oder Limo, löscht.

Man kann mit nicht mehr ganz frischen Tannenzweigen kokeln und erzielt dabei die gleiche Wirkung wie mit der Zeitung.

Letztlich – und als reifste Leistung – kann man die brennende Kerze in die Mundhöhle halten, alle Zahnplomben beleuchten und dann – wie ein gelernter Feuerfresser im Zirkus – die Flamme verschlucken. Wer das schafft, ist so gut wie erwachsen.

Soweit die bei uns erprobten Möglichkeiten zur Kurzweil in der Adventszeit. Sicher kann man noch viel mehr. Nur eines kann man auf gar keinen Fall: Durch verträumtes In-die-Kerzen-Gucken mitsamt Barockmusik sich vor den Jugendlichen blamieren. Das geht nur ohne Kinder.

Robert Naegele: **Zweige für einen Adventskranz**

An unser Dorf grenzten große Wälder. »Hölzer« sagen wir im Schwäbischen. Diese Hölzer bestanden aus Buchen, Eichen, Lärchen und Fichten. Fast eine Stunde vom Dorf entfernt, auf dem »Rauhen Berg«, wuchsen in einem kleinen Geviert, das mit Maschendraht umzäunt war, Tannen. »Weißtannen« nannten wir die jungen Bäume, die einen Duft verbreiteten, der zu allen Jahreszeiten an die Weihnachtsstube erinnerte.

Einige Tage vor dem ersten Advent bettelten wir Buben bei unserer Mutter: »Gell, du bindescht ons wieder en Adventskranz!«

Die Mutter war von unserer Bitte nicht begeistert.

»Buaba, mir hant a viel z' warma Stub, scho nach drei Täg isch der Adventskranz dürr und d' Naudla stiebat von oim Eckle ens andre. Es roicht scho, wenn dr Chrischtbaum wieder so en Dreck macht. Ihr müassat's verstauh, huier bind i koin Adventskranz!«

Uns Kinder stimmte diese Absage traurig. Am Abend, in unserer Kammer, vor dem Einschlafen hielten wir Rat, wie man die Mutter doch noch herumkriegen könnte. Hans fiel ein, dass auf dem »Rauhen Berg« junge Weißtannen stünden, und Weißtannen behielten ihre Nadeln viel länger als Fichten.

»Um die Bäumla hat ma aber en Zau zoga, von deane derf ma koine Äscht abschneida, dös hat onser Förschter verbota!«, gab ich zurück.

»Derfa tät ma scho, bloß it vertwischa lasse derf ma sich!«, erwiderte mein kluger Bruder.

Am darauffolgenden Morgen fragten wir die Mutter, ob sie einen Adventskranz mit wenig nadelnden Zweigen von Weißtannen binden würde.

»Ja, dau drüber könnt ma schwätza! Aber woher Weißtanna-Äschtla nehma ond it steahla?«, lachte sie.

Am Nachmittag zogen mein Bruder und ich mit einem Rupfensäckle »ins Holz«, angeblich, um Moos fürs Kripple von den Baumrinden zu kratzen. Den Schneier (Schneidmesser) hatten wir unbemerkt unter der Joppe versteckt. Uns zog es auf den »Rauhen Berg«. Hans half mir über die Maschendrahtumzäunung, ich lupfte ihn ins verbotene Revier nach. Dabei blieb er hängen.

»Iatz hasch mir en Triangel en mei Hos grissa, Bua, wenn dös d' Mama sieht, nau kriag i Wix!«, heulte er los.

»Halt's Maul! Mir müassat ganz still sei, niemads derf ons höara!«, zischte ich zurück.

Hans beruhigte sich und wir schnitten Weißtannenzweige von den Bäumchen und stopften diese in den Sack. Der Rückzug über die Drahtumzäunung ging ohne Risse und Kratzer. Abwechselnd die Beute auf der Schulter, kehrten wir auf Schleichwegen nach Hause.

Unsere erhitzten, freudigen Gesichter wurden blass, als die Mutter sagte: »Die Weißtanna-Äscht lang i it a, dia sind stibitzt! Ihr hättat voarher onseren Nauchbaur, da Förschter, um Erlaubnis bitta müassa!«

Hans, dem siebengescheiten, kam ein Gedanke: »Mama, dr Förschter woiß ja gar it, dass mir dia Äschtla scho agschnitta hant! Wenn du iatz zu eahm nomgauhscht und fraugscht, ob mir morga Zweigla für en Adventskranz hola derfet, und er ›ja‹ sait, nau wirscht du ons dean Kranz doch binda!«

Mutters Antwort: »Da Förschter müassat ihr scho selber frauga, i halt mi aus der Sach dau raus!«

Hans und ich standen in der Jagdstube des Försters, den Spitzbuben-Unschuldsblick auf den ausgestopften Rehbock gerichtet, als der Förster uns wissen ließ: »Uier Mama hat scho heut vormittag a Genehmigung gholet, aber i find's schöa, dass ihr Lausbuaba deswega no amal extra zu mir kommet.«

Bestimmt hat unser Förster gewusst, dass die Weißtannenzweige geschnitten zu Hause lagen. Er lachte, zog uns leicht an den Ohren und schob uns aus seiner Stube. Der ausgestopfte Rehbock grinste hinterher.

Mutter hatte am Vorabend unsere Gespräche in der Kammer mitgehört und hat uns die Zweige stibitzen lassen – natürlich nur mit vorher eingeholter Genehmigung.

Astrid Schäfer: Man muss sich nur zu helfen wissen

»Uff ... geschafft«, sagt Monika und reibt sich einen Rest Heißkleber von den Fingern. Mit sich selber sehr zufrieden schaut sie rundum und begutachtet noch einmal die zehn Adventskränze, die alle Arbeitsflächen in ihrer Wohnküche vereinnahmt haben. Hübsch schauen die aus! Monika hat sie traditionell gehalten, mit roten Kerzen und Bändern, dazwischen kleine Tannenzapfen, Zimtstangen, Strohsterne, Zieräpfelchen und Zimtsterne. Morgen sollen sie auf dem Adventsmarkt verkauft werden, zusammen mit vielen anderen Dingen für die Advents- und Weihnachtszeit, die zugunsten der drei Asylbewerberfamilien im Dorf gestiftet worden sind.

Später trägt Monika die in niederen Holzsteigen verstauten Kränze in die Garage und legt sie dort auf dem Boden aus. Hier ist es schön kühl – und außerdem soll der Ehemann ihr Werk auch noch bestaunen können. Ein bisserl Lob möchte sie für ihre Arbeit und ihr Geschick schon haben. Jetzt noch schnell die Küche aufräumen, dann ist für heute Ruhe.

Doch am nächsten Morgen ist's aus mit der Ruhe. Als Monika in die Garage kommt, bemerkt sie gleich, dass die Holzsteigen nicht mehr in Reih und Glied stehen, sondern merkwürdig durcheinander geschoben sind. Als sie dann genauer hinschaut, meint sie, gleich müsse sie der Schlag treffen: Sämtlichen Zimtsternen fehlt der Zuckerguss, einige sind angebissen und andere ganz verschwunden. Verdammt! Da muss der Wulli drübergekommen sein! Und wer hat die Garagentüre nicht ordentlich zugemacht? Doch wohl der Benedikt, der gestern Abend das Radl aus der Garage geholt hat, um zu seinem Stammtisch zu fahren. Der Ärger muss raus: »Hundsviech, liadrigs!«, schreit Monika und »Mannsbild, miserabligs!« Leider fühlt sich niemand angesprochen, denn Mannsbild und Hundsviech sind unterwegs beim Gassigehen.

Monika hetzt zurück ins Haus und reißt in der Küche ihren Vorratsschrank auf. Nix, aber auch gar nix ist da drin, was sich als Adventskranzdeko verwenden ließe. Die letzten Zimtsterne und Spekulatius hat sie am Abend zuvor beim Fernsehen verschnabuliert. »Verdammte Fresssucht«, schimpft Monika vor sich hin, »des hast jetzt davon. Und in einer halben Stund soll der Adventsmarkt losgehn. Was mach ich bloß, was mach ich bloß?« In dem Augenblick fällt ihr Blick auf Wullis Fressnapf. Die Dinger da drin hätten schon ein gefälliges Aussehen und auch die passende Größe, aber die hellrote Fleischfarbe stört. Aber mit Zuckerguss ging's vielleicht? »Wie du mir, so ich dir«, sagt Monika sich grimmig – und schüttet hastig eine Packung Hundetrockenfutter auf ein Backblech. In rekordverdächtiger Geschwindigkeit überzieht sie die Frolics mit Zuckerguss und verteilt bunte Zuckerstreusel drüber. Dann ab in den Ofen damit, so wird der Guss schnell trocken. In der Zwischenzeit rupft sie in der Garage die verunstalteten Zimtsterne von den Kränzen. Nun noch schnell die Kringel, die tatsächlich nett ausschauen, auf die Kränze geklebt – verdammt, sind die Biester heiß, etliche bleiben auch über, sie hat's wohl zu gut gemeint –, dann ins Auto mit den Steigen und los zum Gemeindezentrum.

Als Monika am späten Nachmittag wieder heimkommt, ist ihr Gemüt schon ein wenig besänftigt. Alle ihre Kränze sind gleich in der ersten Marktstunde verkauft worden; sogar die Vorsitzende des Altenclubs, der nicht leicht irgendetwas gut genug ist, hat einen für die Adventstreffen der Senioren erstanden. Und außerdem warten auf dem Küchentisch zwei Keramikbecher, eine brennende Kerze und frisch aufgebrühter Tee auf die Heimkehrerin – und ein Teller weißer Kringel mit bunten Streuseln. »De Platzerl hab ich in der Garage gfundn«, sagt Benedikt, »de habn eppa no abkühlen müssen, gell.«

»Hm, ja«, erwidert Monika und fragt dann: »Sag amal, hast du gestern Abend, wie du zum Stammtisch los bist, die Garagentür ned gscheit zuagmacht?«

»Naa, wie kommst denn da drauf? Und warum, was wär nacha passiert?«, fragt Benedikt und schaut sie so unschuldig und treuherzig an, wie nur Männer mit braunen Augen das können.

»Ah, nix«, sagt Monika, aber inwendig sagt sie: »Rache ist süß!« Mit Genugtuung schaut sie dann zu, wie er sich das erste Frolic in den Mund schiebt, es zerkaut, für zwei Sekunden verstört die Augen aufreißt und hastig mit einem tüchtigen Schluck Tee nachspült. »Und, schmeckn s' dir?«, fragt Monika zuckersüß. »Des is ein ganz neues Rezept, frohlockende Spitzbuam heißn de.«

»Ja, ja, guat san s', aber de andern mit dem Marmelad, de du sonst allerweil machst, de san fei scho besser«, antwortet Benedikt und steckt sich tapfer den nächsten Kringel in den Mund. Die Teetasse behält er vorsichtshalber gleich in der Hand.

»Na ja, i glaub aa ned, dass du no auf den Gschmack kommst«, meint Monika – und dann steckt sie ihrem Göttergatten, was sich unter dem weißen Guss verbirgt.

Zum Glück versteht der Benedikt eine Gaudi – und von seinen Spitzbuben (den echten mit dem Marmelad) backt sie ihm gleich am nächsten Tag die doppelte Menge wie sonst. Mit den übrig gebliebenen Frolicringeln maschelt Monika den familieneigenen Adventskranz noch ein bisserl auf. Damit schaut der gleich noch viel schöner aus und sorgt außerdem für reichlich Gesprächsstoff bei den vorweihnachtlichen Kaffeerunden mit den Nachbarinnen.

Alfons Schweiggert: Der Tanzengel

Es war der erste Adventssonntag. Die Mutter hatte neben den Adventskranz einen kleinen Engel gestellt, der auf einer mit Sternen verzierten Spieldose befestigt war. Am Nachmittag zog Vater das Werk der Spieldose auf und sofort ertönte die Melodie »Alle Jahre wieder kommt das Christuskind«. Dazu drehte sich die Engelsfigur im Kreis, und es schien, als würde sie dabei die Saiten der Gitarre zupfen, die sie in Händen hielt.

Die beiden sechs und sieben Jahre alten Buben Tim und Tom waren von dem tanzenden Engel ganz begeistert. Immer wieder streckten sie ihre Hände nach ihm aus, aber Vater ermahnte sie:

»Halt, halt, halt, ihr beiden Bengel, lasst bloß die Finger von dem Engel!«

Aber die Kinder ließen sich kaum noch bremsen. Sie wollten wissen, wie das alles funktionierte. Da erbarmte sich der Vater und erklärte es den beiden. »Weißt du«, meinte er zur Mutter, »Kinder wollen immer alles ganz genau wissen. Deshalb muss man ihnen auch alles genau zeigen.«

Schließlich durften es die Buben selbst versuchen. Immer wieder zogen sie abwechselnd das Spielwerk auf, und der Engel drehte sich, und »Alle Jahre wieder« ertönte alle Minuten wieder, erst in schnellem Tempo, dann immer langsamer werdend, bis schließlich die Musik mitten im Ton verstummte und den Engel zum augenblicklichen Stillstand zwang.

Auf jeweils diesen Augenblick lauerten Tim und Tom. Einer von beiden war immer der Schnellere und der ergriff die Dose, überdrehte beim hastigen Aufziehen beinahe die Feder, und aufs Neue kreiste der Engel in pirouettenhaften Drehungen um seine eigene Achse, begleitet von der rasenden Melodie des »Alle Jahre wieder«. Je öfter sich das Geschöpf des Himmels drehen musste, eine desto grünlichere Tönung schien seine Gesichtsfarbe anzunehmen. Dabei entstand der Eindruck, als hielte er sich auch krampfhaft an der Gitarre fest, so als hätte ihn plötzlich Schwindel ergriffen.

»Papa«, meinte Tim, »warum ist der Engel auf einmal so grün im Gesicht?«

»Na«, meinte die Mutter, »dreh dich du einmal ununterbrochen im Kreis, dann wirst du auch grün, du Naseweiß.«

Vater widersprach: »Ach, Unsinn, das sieht nur so aus. Weißt du, Tim, das sind nur die Zweige des Adentskranzes, die sich im Gesicht des Engels widerspiegeln.«

Die Kinder störte das augenblickliche Befinden ihres Spielgefährten auf der Dose sowieso nicht. Kaum stand er still, zwangen sie ihn durch das Aufziehen des Spielwerks zur nächsten Tanzrunde, zu der erneut die »Alle Jahre wieder«-Weise erklang.

Nach einer Stunde ermahnte die Mutter die Buben, doch um Himmels willen endlich einmal eine kurze Pause einzulegen. Doch die beiden folgten dieser Anregung nicht. Da ging Mutter in die Küche und dämpfte durch das Schließen der Schiebetüre die Musik und die zunehmende Reizung ihrer Nerven. Vater floh – wie immer bei erfolglosen Erziehungsversuchen der Mutter – nach oben in sein Zimmer, wo er die Tanzweise, die ihn hartnäckig auch dorthin verfolgte, durch Radiomusik zu übertönen versuchte. Zerknirscht grübelte er darüber nach, ob man Kindern wirklich immer alles genau zeigen sollte, nur weil sie alles genau wissen wollen.

Die Kinder aber ließen ihren Engel nicht im Stich. Die fortwährend neu gespannte Spielfeder nötigte ihn zum Tanz, immer wieder. Er drehte sich, den Mund schmerzhaft zu einem Wehlaut geöffnet, die Hände verkrampft um den Hals der Gitarre geklammert. Plötzlich schien er am Ende seiner Kräfte angelangt zu sein.

Als er wieder einmal wie zur Salzsäule erstarrt anhielt und Tom schon wieder die Finger nach ihm ausstreckte, geschah Unerwartetes. Der geflügelte Tänzer rutschte plötzlich von der Spieldose. Tom zog erschreckt die Hand zurück. Der Engel ließ die Gitarre fahren, wankte über den Tisch, glitt von dessen Rand mit matten Flügelschlägen zu Boden, torkelte nach unsicherer Landung quer durch das Wohnzimmer, kroch unter das an der Wand stehende Sofa und kam von dort nicht mehr zum Vorschein.

Tom entfuhr ein »Ui schau«-Ruf. Tim hatte die Flucht des Engels sprachlos verfolgt. Beide erstarrten so wie der Engel nach Beendigung einer jeden Tanzrunde und sie fixierten mit erstaunten Blicken die Stelle, an der das himmlische Wesen unter das Sofa verschwunden war.

»Mama«, rief Tom zaghaft, »der Engel ist uns weggelaufen!«

»Na endlich«, seufzte Mutter. »Ein Wunder, dass er es überhaupt so lange ausgehalten hat.«

»Mama«, erklärte Tim, »er hat sich unter das Sofa verkrochen. Wer soll jetzt tanzen?«

»Ich jedenfalls nicht«, rief die Mutter, »und Vater braucht ihr auch nicht zu fragen. Der tanzt ja nicht mal mit mir!«

»Kommst du mal?«, fragte Tom. »Die Dose lässt sich auch nicht mehr drehen.«

»Gott sei Dank«, murmelte die Mutter erleichtert und ging ins Wohnzimmer. »Wo ist der Engel?«, fragte sie tonlos, als sie den leeren Dosentanzplatz erblickte.

»Unterm Sofa«, sagte Tom treuherzig.

»Erzähl mir keinen Unsinn«, schimpfte die Mutter, »wer von euch hat ihn abmontiert?«

»Keiner«, erklärte Tim feierlich, »er ist ganz freiwillig weggelaufen.«

»Gleich werde ich ärgerlich«, drohte die Mutter. »Zum letzten Mal: Wo ist der Engel?«

Die beiden Buben deuteten stumm in Richtung Sofauntergrund. Mutter riss die Türe auf. »Alfred«, rief sie nach dem Vater, »komm doch mal bitte herunter!«

»Nur wenn du die Spieldose in Beschlag genommen hast«, tönte es von oben.

»Das ist nicht nötig«, rief Mutter hinauf, »sie funktioniert nicht mehr, und der Engel ist auch weg.«

Augenblicklich stand Vater im Zimmer. »Wieso ist da kein Engel mehr drauf«, keuchte er.

»Die Kinder sagen, er sei unter das Sofa geflohen«, erklärte Mutter spöttisch.

Schon lag Vater auf dem Bauch und robbte sich an die Versteckhöhle heran, schaute angestrengt ins Dunkel und sagte: »Ich sehe nichts.«

»Aber er muss dort sein«, beharrte Tom.
»Du musst ihn rauslocken «, regte Tim an.
»Locken, locken! Wie stellst du dir denn das vor?«, knurrte Vater.
»Sing doch einfach ›Alle Jahre wieder‹«, schlug Tom vor.
»Bist du verrückt«, regte sich Vater auf, »davor ist er doch gerade davongelaufen, wenn ihr die Wahrheit gesagt habt.«
»Dann versprich ihm, dass er nie wieder auf die Spieluhr muss«, empfahl die Mutter.
»Haltet mich bloß nicht zum Narren«, schnaubte der Vater. Aber dann tauchte er doch erneut in die Tiefe und säuselte unter das Sofa: »Hallo, Englein, wir alle versprechen dir, dass du nie mehr tanzen musst. Komm doch bitte wieder heraus.«

Der Engel zeigte sich nicht. Nun durfte ein jeder sein Glück versuchen, sich auf den Bauch vor das Sofa legen und drauflosloscken. Draußen dämmerte es bereits. Die Versprechungen liefen im Wesentlichen auf folgende Zusagen hinaus:

Die ganze Familie übt künftig keinen Tanzzwang mehr aus.
Die »Alle Jahre wieder«-Anhörfolter wird sofort abgeschafft.
Die Gitarre wird sicherheitshalber entfernt.
Und der Vater garantierte dem himmlischen Wesen sogar den vorgezogenen Ruhestand unmittelbar neben der Krippe.

Gegen 19 Uhr zeigte sich der Gesuchte endlich, zermürbt, mit hängendem Kopf und schlappen Flügeln. Vater gewährte ihm wortlos in seinen großen Händen Asyl. Er trug ihn zur Erholung auf den Dachboden und legte ihn dort zu einer Schlafkur in die Schachtel, in der auch die Krippenfiguren aufbewahrt waren. Als Vater die Bodentreppe herabstieg, murmelte er betroffen: »Also, das hätte ich nie für möglich gehalten, dass man jemand in so kurzer Zeit derart nervlich zerrütten kann. Das schaffen auch nur unsere Kinder.«

Es war still im Zimmer, als sich die Familie an den Tisch setzte. Mutter zündete die erste Kerze auf dem Adventskranz an. Alle sahen betreten in die flackernde Flamme und immer wieder verstohlen auch auf die verwaiste Spieldose.

Tom fragte leise: »Wenn es dem Engel morgen wieder besser geht, kann er dann …«

»Nein«, unterbrach ihn Vater, »er kann nicht.«

Tim stupste die Spieluhr an. Sie blieb stumm. Da begann er etwas falsch, aber unheimlich lieb, »Alle Jahre wieder« zu summen. Weder Vater noch Mutter brachten es übers Herz, ihm das zu verbieten.

HELMUT SEITZ: Neuigkeiten vom Nikolaus

Nikolausologie? Dieses Orchideenfach gibt's noch an keiner Uni, auch nicht an der LMU in München (bis jetzt jedenfalls). Die meisten jener Jungjobber, die in diesen Tagen wieder mal den alten Kinderfreund mimen, die studieren eher BWL oder Jus oder Medizin. Zu Deutschlands erfahrensten und dienstältesten Nikoläusen zählt aber auch ein Mann, der im Hauptberuf Clown ist. Und selbst der musste – ebenso wie seine vom Arbeitsamt vermittelten studentischen Kollegen – erst mal einen Niko-Grundkurs absolvieren. So geschult, wären manche der vielen Wattebart-Träger vielleicht genau richtig für ein »54-jähriges Engelchen«, das per Bekanntschaftsinserat einen guten Nikolaus sucht. Als eher unpassend erscheint dagegen uns in München diese nord-maskuline Wunschanzeige: »Ich würde gern Ihr Weihnachtsmann sein!« An diesen Nordimport glaubt man nämlich unterhalb der Mainlinie noch immer nicht wirklich – auch wenn jetzt sogar schon eine alteingesessene Firma in München (!) kühn die Behauptung verkaufen will, der dortige Weihnachtsmann (nicht der Nik) heiße mit Vornamen Ludwig – wie einst der Firmengründer). Und ein Kaufhaus umwirbt nebst führenden Weihnachtsmännern auch die Weihnachtsfrauen: Nikolausige Gleichberechtigung halt!

Genau die propagiert eine Schokofabrik bereits seit ein paar Jahren mit ihrer tief dekolletierten und wahrhaft süßen Nikola als Pendant(in) zum Nikolaus. Ansonsten wird der Macho-Nik heute in Funktionen angeboten, die sich der kinderfreundliche Bischof von Myra einst nie hätte träumen lassen: zum Beispiel als Kuschelkissen und Kinderschlafsack, als Türstopper, als Schlüsselanhänger oder Eierbecher sowie als Fassadenkletterer. Ja, man kann den guten Mann sogar mit Füßen treten und sich die Drecklatschen an ihm abputzen, denn es gibt ihn auch als Kokosmatte vor der Wohnungstür.

Echt tierisch wird die Sache beim Teddy und beim Plüschelch mit Niko-»Outfit«, beide doppelt verwendbar als Handpuppe und außerdem als Kindermütze. Den Gerhard Polt'schen Konflikt zwischen Nikolausi und Osterhasi aber hat ein Süßigkeitenfabrikant inzwischen beigelegt: Er offeriert einen grinsenden und augenzwinkernden Schoko-Mümmelmann, dem er eine rote Mütze mit weißem Flaumsaum über die langen Lauscher stülpt. Und auf dem roten Mäntelein prangt ein Aufkleber mit der neckischen Entschuldigung »Sorry,

Nik!« Sogar Englisch kann er also ein bisschen, dieser Mehrzwecknikosterhase – fehlt höchstens noch, dass man ihn außerdem auch als Rauschgoldengel für die Christbaumspitze verwenden könnte …

MARGARET KASSAJEP: Fräulein Nikolaus

Es war nicht so, dass die Familie unter den pausenlos sprudelnden Einfällen und Ideen der Nicoline, sechzehneinhalb, zu leiden gehabt hätte. Im Gegenteil, Langeweile kam nie auf im Kreis ihrer Lieben. Die Nicoline würde mal, das stand ihr in den Sternen geschrieben, von irgendeiner Bühne herab viele Leute zum Lachen bringen, und das war sicherlich das Beste, was man einem Menschen wünschen kann.

Der Nikolausabend nahte heran. Frau Frims von nebenan suchte verzweifelt nach einer Persönlichkeit, die das Amt des himmlischen Boten für ihre zwei Kleinkinder Enzio, zweidreiviertel Jahre alt, und Gigi, vier Jahre und einen Monat alt, übernehmen könnte. »Was soll ich nur tun?«, jammerte Frau Frims. »Mein Bruder, der Onkel Benjamin halt, hat abgesagt, weil er am Nikolaustag ganz weit weg zu einer Konferenz muss, die wichtig für sein berufliches Fortkommen ist!«

»Wissen S' was?«, meldet sich die Nicoline mit verdächtig glitzerndem Augenaufschlag. »Ich mach bei den lieben Kleinen den Nikolo. Vom vergangenen Jahr her hab ich noch jede Menge Dankschreiben von zufriedenen Eltern bei mir gehäuft liegen! Ich krieg das auf die moderne Art hin, ohne Geld, bloß für ein gscheids Nachtessen!«

Groß war die Nicoline, mit einem Gesicht, in das zur Not ein falscher Bart dito Augenbrauen hineinpassten; die Stimme konnte sie herunterschrauben, nahm Frau Frims an, also warum nicht!

Die gemieteten Nikoläuse, telefonisch angeheuert, kamen sündteuer, man musste das Gerschtl, den Diridari, zusammenhalten, wo es angebracht war! Irgendwo hatte sie gelesen, dass Sparen Spaß machte. Da fand sich ja eins zum anderen!

Zur vereinbarten Stunde pumperte es an der Tür. Herzklopfend warteten schon der Enzio und die Gigi dahinter. Die Mama öffnete, ja, da stand etwas vor ihnen, was von ganz fern an einen Nikolaus erinnerte. Unter einer roten Zipfelhaube leuchteten tomatenrot angemalte Bäckchen, zwei Reihen blitzblanker Zähne funkelten ihnen aus dem Dämmerlicht des Treppenhauses entgegen! Das war noch nicht alles: Ein knappes, webpelzverbrämtes Schlittschuhröckerl ließ viel von langen, wohlgerundeten Beinen sehen, die immerhin in roten Stiefeln, eindeutig einem Faschingsfundus entnommen, steckten.

»Hey, ich bin die Vertretung vom Dings, Nikolaus!«, kam es hinter den Zähnen hervor. »Der hat, wie er die A 9 überqueren wollte, 'n Unfall mit Blechschaden gebaut. Hockt noch auf irgend 'nem Polizeirevier rum. Also mit dem Handy hat er mich zu euch beordert, da bin ich und ich hoffe, wir haben in etwa die gleiche Wellenlänge!«

Die Mama schaute recht verunsichert aus der Wäsche, doch Enzio und Gigi klang das, was die Nikolausvertretung so vorbrachte, irgendwie ganz normal und vertraut. Überdies hörte sich der Zungenschlag so flott an, dass Herzklopfen echt nicht am Platz war.

»Na, lasst mich mal durch!«, meldete sich der Besucher. »Mir is saukalt von da draußen rein! Und Hunger hab ich auch!«

»Aber ja, du Armer!«, zwitscherten die zwei Kids wie aus einem Mund, nahmen das Wesen bei der Hand und führten es ins warme Wohnzimmer, gespannt auf weitere Novitäten, die allem Anschein nach zu erwarten waren; übrigens tippte auch die Mama auf solche, wollte sich aber erst mal abwartend verhalten. Einen Rucksack hatte der Besuch hinten draufgeschnallt, der sah schon sehr nach Supermarkt-Sonderangebot aus, aber mei, die Zeiten waren noch nie so modern wie gegenwärtig, man musste wie sonst auch sich flexibel geben, wenn man nicht weg vom Fenster sein wollte, und das wollte die Mama ja auch nicht!

»Mei, hab ich von der Rennerei einen Kohldampf!«, plapperte die Nikolausvertretung, hauchte sich auch in die kalten Hände, dass Enzio und Gigi vor Mitleid fast zerflossen. Geschwind brachte die Mama heißen Tee herbei, und der Nikolaus schlenzte sich den Bag vom Buckel. Urkomische Handpuppen kamen zum Vorschein, und der Ersatz stülpte sie über und ließ die Figuren ein Tänzchen aufführen, also, die zwei mussten so lachen, dass es beinah in die Hosen gegangen wär.

»Du darfst bei uns übernachten!«, schlug die Gigi feurig vor und versprach sich von dem Anerbieten eine Gaudi, die alles in den Schatten stellte, was sie bisher an Spaßzugewinn vereinnahmt hatte.

»Die Wildsau Wilhelmine hat mir einen Brief an euch mitgegeben«, verkündete der Nikolaus, »den muss ich euch glatt vorlesen!« Und er entfaltete einen Zettel und las von ihm ab: »Der Enzio und die Gigi sind zwei ganz liebe, die musst du gut behandeln. Die sollen alles so weitermachen, wie sie's gewohnt sind, und der einzige Vorschlag von mir wäre, dass sie ihre Mama so lieb haben wie ich meine Frischlinge. Und wenn sie die Mama lieb haben und die Mama hat sie lieb, dann kann nix schiefgehn, und sie folgen der Mama und essen den Spinat und gehn unter die Dusche! Eure Wildsau Wilhelmine!«

»Dürfen wir mal zur Wilhelmine?«, krähten der Enzio und die Gigi. Die Mama hat Gott sei Dank gemerkt, dass dieser Nikolaus zwar etwas vom Schema abwich, aber bei ihren zwei Genossen voll ankam, Herz, was willst du mehr! So schleppte sie eine von Spaghetti überquellende Schüssel herbei, auch die Tomatensoße nicht vergessend sowie einen Haufen frischen Salat, und der Nikolaus krempelte die Ärmel hinauf, sagt: »Haut schon!« und fing an zu spachteln, dass die übrige Gesellschaft gar nicht anders konnte, als ebenfalls tüchtig zuzulangen, was die Mama recht erfreute. Dann musste der Nikolaus aufs Klo, denn er ist auch nur ein Mensch, und der Enzio führte ihn an der Hand an den stillen Ort. Anschließend verabschiedete sich der zünftige Bote mit den Worten: »Jetzt muss ich weitermachen, sonst komm ich mit dem Programm ins Schleudern. Urig war's bei euch! Nächstes Jahr komm ich wieder, wenn ihr da noch an mich glau – äh, wollt sagen, wenn's meine Zeit erlaubt!«

»Kannst nicht schon zu Ostern wiederkommen?«, drängten die zwei Bamsen.

»Wahnsinn!«, schrie der Nikolaus. »Ein bisserl klonen, und schon möcht's passen!«

»Was is klonen?«, fragte der Enzio. Manches wusste er halt doch noch nicht.

»Das erklär ich euch, wenn ich als Osterhas angehoppelt komm!« Der Nikolaus schwang sich den Rucksack, der bestimmt nicht aus'm Nikolauswald war, auf den Rücken und hüpfte davon. Also, einerseits waren die Kinder Feuer und Flamme für so einen Nikolaus, andererseits wusste die Mama doch nicht so recht. – Sie würde sich die Sache mal beschlafen!

Kurt Wilhelm: Niggelaus

Zu blöd, dass man als Student nie Geld hat. Gar, wenn einem grade das Auto in Klump gegangen ist und man ein Traummädchen kennengelernt hat, das Interesse zeigt, und einem ganz flau wird vor Freude und Verlangen nach ihr. Die Reparatur kostet ein Schweinegeld.

Weihnachten steht bevor. Man möchte ihr die bibliophile Ausgabe von Oscar Wildes Märchen schenken und hat keine Knete. Mag man dann nicht, wie so mancher Student, einfach in Buchhandlungen klauen, ist man mies dran.

Ich war mies dran. Blank, kurz vor Studienabschluss, keine Aussicht, kein Angebot und keine Marktlücke zu entdecken. Sylvia war entzückend. Wir trafen uns täglich, küssten uns unsäglich und sehnten uns zueinander, aber sie hatte eine bescheuerte Familie. Stinkreich, elitär, von jener Schickeria, die ein Student so sehr hasst und verachtet, dass er zehn Jahre später alles dran setzt, um dazuzugehören.

Sylvia sagt: »Ich pump dir was.« Ich sage: »Nein. Erstens halten deine Alten auch dich knapp, weil sie nicht wollen, dass du die bescheuerte Soziologie studierst, sondern Jus, wegen der Zukunft der Firma.« Außerdem war ich zu stolz, mich von ihr aushalten zu lassen. Sie war zwar einen halben Kopf größer als ich – und was für einen schönen –, aber ich war der Mann und sie stand auf Macho. Also.

Mitten in der Pleite sagt sie, am 6. Dezember nachmittags, während wir frierend an einer Schaschlikbude spachteln: »Meine Hersteller finden niemanden, der ihnen den Nikolaus vortanzt, heute Abend, für meine zwei kleinen Geschwister. Könntest du doch machen.«

»Das ist doch beknackt«, sage ich. »Ein Nikolaus muss ein Riese sein und uralt. Mindestens dreißig.«

Sie aber meint: »Nix. Wir haben ein Nikolauskostüm auf dem Speicher. Da passt jeder rein. Außerdem kann ich dich da ganz lässig mit den Grufties bekanntmachen. Vielleicht akzeptieren sie dich, wenn du ihnen aus der Patsche hilfst. Der Olle könnte dich managen oder dir 'n Job andienen. Alles drin, bei den Typen, wenn du endlich deinen Dipl.-Ing. hast und heute gut bist.«

Ich beschließe, gut zu sein, okay und fahr abends mit der Tram raus ins Villenviertel. Meine Mühle war ja immer noch kaputt. Sylvia hatte alles mit mir abgecheckt: 2 Stück Geschwister, 4 und 7, männlich. 3 liebe Hündchen, 2 Eltern, 2 Stück Großmütter auf der Pelle, die ständig von den guten alten Zeiten laberten, sowie 1 Papagei und 1 Dienstmädchen, jedes einzeln an die 80.

Klingeln. Höllengebell. Die Dienstmumie hat die Kette vor und öffnet einen Spalt: »Wer sind Sie?«

Ich, blöde: »Der Nikolaus.« Sie schniefelt, macht zu, ich hör sie drinnen mit den Hunden ringen. Dann geht die Türe ganz auf: »Kommen Sie rein.« Drei kälbergroße, durch ihr glattes Fell nackt wirkende

Raubtiere sausen mit rutschenden Pfoten und Geifer um die Lefzen durch die gefliese Vorhalle auf mich zu.

»Keine Angst, die tun nichts. Sie wollen nur spielen.« Zu diesem Behufe quetschen die Lieblinge mich erst mal an die Wand. Ich steh auf den Zehenspitzen, während die Greisin Kommandos bellt: »Gbsruh! – Laßas – Pfui – Pltz! – Wirds!«

Es wird nicht. Die lieben Tierchen riechen den Schaschlikduft und prüfen, welche meiner Stellen sie zuerst anbeißen sollen. Während die Uralte vergeblich an ihren Halsbändern zerrt und ich innerlich nach Sylvia schreie, kommen zwei liebe Kleine dahergetollt und beäugen mich. »Wer soll'n das sein?«, fragt der höher Gewachsene.

»Niggelaus«, meint der Kleine, legt den Kopf schief und fährt, Terzen singend, fort: »Niggelaus schaut dämlich aus!«

»Quatsch«, äußert der Größere. »Das is höchstens wieder so 'n Typ von der Sylvia. Zu der kommen immer solche Galgenvögel.« Die Alte macht »Ksch, ksch, verschwindet!« und setzt kopfschüttelnd hinzu, während sie die Kleinen ins Zimmer zurückscheucht und die Hunde an mir zu nagen beginnen: »Wo ihr nur immer diese Ausdrücke herhabt. Zu Hause hört ihr das doch nicht.«

»Von Papi, der is gschnappi«, singt der Kleine. »Galgenvögel, Galgenvögel!«

Es gelingt, die Hunde in der Garderobe einzusperren. Ich werde auf den Speicher geführt. Sylvia, nach der mein Herz schrie, lässt sich nicht blicken. Das Kostüm ist gute sieben Nummern zu groß. Der Umhängebart auch. Der Stiefel wegen stürze ich sogleich fünf Treppenstufen hinunter, weil ich mir in den Saum trete. Die Alte macht: »Pscht! – Darf doch niemand wissen, dass Sie da sind.« Ich will weg und sage: »Die Kinder haben mich doch gesehen.«

»Tut nichts«, sagt die Oma im Märchenton. »Die kleinen Gemüter glauben ja noch so innig an den Nikolaus. Und wenn sie dieses Kostüm sehen, haben sie Sie längst vergessen.«

»Ihr Wort in Gottes Ohr«, sage ich und falle die nächsten fünf Stufen hinunter. Die Alte führt mich wie einen Blinden vors Haus, befiehlt: »In fünf Minuten wild pochen!«, heißt mich einen schweren Sack aufnehmen, drückt mir ein Buch und eine Mordsrute in die Hand und macht die Türe zu. Ich stehe im Regen. Mir ist flau. Ich fühle mich mir fremd. Das Buch ist in Goldpapier gebunden. Aha, denk ich, Informationen, aber es ist nur ein Branchenadressbuch von 1957. Als ich mutlos blätternd suche, ob es jemanden meines Namens gab, stoße ich auf einen Zettel in steiler Frauenschrift: Tommi Zähneputzen, Wutanfälle, Schularbeiten. – Marcel: rechtzeitig Klo sagen. Nicht immer singen. Hunde quälen, lügen, und, dick unterstrichen: Zündeln! – Und dann: Sylvia, öfter zu Hause sein. Anständigen Ton, Popmusik zu laut. Und unterstrichen: Umgang!

Umgang? Bin ich das? Dahinter steht in Klammern: Mike, Charlie, Bastian. Nanu, denk ich, drei Knilche, von denen ich nichts weiß? Ich spüre, wie mir Wut-Blut in den Kopf steigt. Sollte Sylvia die Liberalitas unserer Generation missbrauchen?

Zwei Mopeds sägen daher. Drei Stinker hocken drauf wie Affen auf dem Schleifstein, sehen mich, brechen in schrille Schreie aus und stoppen. »Santakloos«, schreien sie, und »Onkel Disney! Wow, hat der 'n Sack. Was is da drin? Wolln ma checken.« Sie hechten auf mich los, schubsen mich in die Ecke und knoten den Sack auf. Einer beginnt die eingewickelten Päckchen aufzureißen. Der zweite schmeißt Nüsse und Äpfel in den Vorgarten. Der dritte hat mich fröhlich lachend an der Gurgel. »Ihr Idioten, das ist mein Job«, stöhne ich und gebe ihn verloren.

Da tut sich die Türe auf. Die Dienstgreisin erscheint: »Was treibt ihr drei Galgenvögel da«, ruft sie singend. »Verschwindet, Lumpengesindel, sonst mach ich euch Beine!« Ich denke, dass so eine Arie für die Katz sein muss. Als sie aber mit ihrem »ksch, ksch« dräuend auf die Lederboys zuwankt, treten die tatsächlich den Rückzug an. Hohnlachend, aber sie treten. Ich atme auf und sammle Nüsse und Äpfel auf, während die Alte, ohne Atem zu holen, ihre Ansicht über die heutige Jugend kundtut, die darin gipfelt, dass man sie allesamt jeden Tag übers Knie legen sollte. Dann zerrt sie mich, samt dem ramponierten Sack, unter die Haustüre, haut mit der Faust dagegen und flüstert: »Brummen!«

Ich brumme und grunze. »Lauter«, kommandiert sie. Ich schraube meine Stimme so tief es geht und grunze und ächze lauter. Sie zerrt mich ins Haus, zur Zimmertüre, öffnet einen Spalt und ferrytaled geheimnisvoll: »Habt ihr's gehört, Kinder. Da ist wer gekommen. Wollen wir mal schauen, wer das wohl sein mag?«

Keine Antwort. Die Alte huscht hinein. »Wo seid ihr denn, meine Herzchen? Habt ihr euch wieder versteckt?« Schritte auf der Treppe. Sylvia in alt kommt aus dem ersten Stock. Sie flüstert: »Gut, dass Sie da sind« und fährt mit lauter Stimme fort: »Ja, Nikolaus, hast du den Weg zu uns gefunden?«

Ich finde, dass ich ja sagen muss und sage: »Ja – wo sind denn die Rangen?« Diesen Ausdruck hatte meine Urgroßmutter manchmal verwendet. Sylvias Mutter geht an mir vorbei ins Zimmer. Stille. Dann: »Klaus-Dieter, sind die Kinder bei dir?«

»Nö, wieso?«, antwortet eine Männerstimme. Schritte, hastiges Rascheln, Poltern und Suchen. »Wo seid ihr Galgenvögel? Kommt sofort her!« Ich stehe immer noch blöde vor der Türe, den Sack auf der Schulter, die Rute in der Hand. Startbereit. Da beginnen wie auf ein Signal hin die Hunde in der Garderobe wieder wild zu bellen, waff, waff, und donnern gegen die geschlossene Türe. »Wer zum Teufel hat die wieder eingesperrt. Ich hab verboten, dass man sie so quält.« Ein vornehmer wütender Herr läuft grußlos an mir vorbei und befreit die drei besten Freunde des Menschen, die sich sofort wieder auf mich stürzen, und versuchen, auf meine Schultern zu springen. Es gelingt ihnen. Sie schmeißen mich um. Im Fallen denke ich noch, ich möchte weg, dann schlage ich mit dem Hinterkopf auf die glatt gebohnerten Sollnhofer Platten. Vor meinen Augen tanzen Funken. Ich fühle Geifer und heißen Atem an den Stellen meines Gesichts, die der Bart frei lässt. Dazu erschallen fröhliche Kinderstimmchen: »Fass, Batman, Goofy, Dracula, fass«, ruft die eine. Und »Friss den blöden Niggelaus«, singt die andere.

Es erfordert viel Kommandogebrüll, ehe die Hundchen motiviert werden, nicht mehr mit mir zu spielen, und bis man mich aufrichtet und in die Wohnhalle führt. Tommi haut mir dabei mehrmals kräftig in die Kniekehlen. »Der Zombie is mein Feind, ich mach ihn dot«, äußert er in grimmig-selbstbewusstem Fernsehton und schießt aus einer galaktisch geformten Strahlwaffe Wasser auf mich, was ihm einen sanften Tadel seines Vaters einträgt. Nun kann der Festakt beginnen.

Mutter steckt den Adventskranz an und macht mit dem Dimmer Schummerlicht. Sylvia ist immer noch nicht erschienen. Ich recke mich würdig und grunze: »Wen haben wir denn da? Den kleinen – äh …«, da fällt mir doch der Name nicht ein, so brummt mir der Schädel von dem blöden Sturz vorhin.

»Tommi, und den lieben kleinen Marcel«, haucht die begeisterte Mutter. Ich bin zu verwirrt, um mehr herauszubringen als: »So ist es, jaja«, das Buch aufzuschlagen, den Zettel zu suchen und zu sagen: »Wollen mal sehen, was im himmlischen Buch verzeichnet ist über die beiden.«

»Isses falsche«, kräht Tommi, der nun doch ein wenig ängstlich dreinschaut. »Isses Brankschenbuch vom Speicher, kenn ich, steht nix drin.«

Ich, sehr schlagfertig: »Da irrst du dich, mein kleiner Mann. Dies ist das Himmelsbuch, in dem alle eure Taten stehen. Was haben wir denn da? Hm, aha, soso, jaja?« Ich mache es spannend. »Oh, oh, oh, was ist denn mit dem Zähneputzen, mein kleiner Tommi, hm?«

»Och, lohnt sich nich. Die blöden Milchzähne fallen ja doch bald raus«, meint der Hosenmatz. Was soll man darauf antworten. Ich wechsle zum nächsten Anklagepunkt: »Und deine Schularbeiten, hm?« Da fällt mir doch der Vater in den Rücken: »Die macht er in letzter Zeit ganz brav, lieber Nikolaus.«

»Hör mal«, faucht Mama dazwischen. »Brav nennst du das? Abschreiben tut er alles.«

»Das ist okay«, begütigt der stolze Erzeuger. »Das kannst du streichen im Himmelsbuch, lieber Nikolaus.« Tommi gerät in Wut und kreischt: »Ja, streichen! Alles streichen! Immer soll ich der Galgenvogel sein! Das stinkt mir.« Dass er gar so brüllt, gibt mir Gelegenheit zu Punkt drei: »Und deine Wutanfälle, Tommi?! Die sehen die Englein im Himmel gar nicht gern!«

»Scheiß Englein«, brüllt Tommi und läuft rot an. »Wenn immer alle auf mir rumhacken, wird man sich ja noch wehren dürfen! Mist, verdammter!«

»Tommi, benimm dich!« Nun kriegt auch Mama so einen roten Kopf. Und als Papa sagt: »Er hat eben Temperament, das ist in Ordnung«, schreit sie, genau wie vorher Tommi: »So, in Ordnung! Mist, verdammter!«

»Ja, in Ordnung«, brüllt nun wieder Tommi. »Streichen! Alles streichen, den ganzen Salat. Und was krieg ich geschenkt?« Er beginnt im Nikolaussack zu wühlen. Mama reißt ihn zurück: »Warte gefälligst! Erst dein Brüderchen. Wo ist denn der liebe Marcel?«

Ja, wo ist er denn? Davongehoppelt. Er kommt erst, als alle lange und laut nach ihm schreien aus dem Nebenzimmer und trägt den Papagei auf Händen. Dem ist das nicht recht. Er schlägt mit den gestützten Flügeln und stößt schrille Schreie aus. »Brav, Tarzan, brav. Da, beiß den Onkel Niggelaus, jag ihn aus'm Haus hinaus«, singt Marcel liebevoll.

Die Mutter: »Marcel! Wie oft hab ich dir gesagt, du sollst den Vogel nicht anfassen. Der ist bissig!« Und Papa: »Setz ihn sofort auf den Stuhl, aber ganz vorsichtig!«

»Niggelaus beißen, Hausi rausschmeißen«, singt der Kleine unbeirrt und schleudert den exotischen Terroristen auf meinen Bauch. Der flattert, schreit gellend, beißt sich an meinem Bart fest und ist nicht abzuschütteln. Ich jage verzweifelt durch die Wohnhalle. Komme an Tommi vorbei. Der hält mich am Gewand fest, greift sich den Vogel, der brav auf seine Hand klettert und trägt ihn wortlos ins Nebengemach. Die Familie sieht atemlos zu. Niemand spricht. Tommi kommt zurück, klopft die Hände ab und sagt knapp und sachlich zu mir: »So. Weiter. Nu der Kleene.« Ich blicke beschämt in das Goldene Buch und will mich eben dem Jüngsten zuwenden, als sich die Türe auftut und meine Sylvia dasteht. Im Nu vergesse ich alles, außer ihr. »Schön, dass du da bist, mein lieber Nikolaus«, strahlt sie mich an.

»Schön, dass du da bist, meine liebe Sylvia«, entgegne ich und stapfe zu ihr. »Von dir hört man ja schöne Sachen. Du treibst dich mit Charly und Bastian und Mike rum, he? Schickt sich das? He?«

Sylvia reißt die Augen auf: »Aber Nikolaus, das sind doch nur harmlose Kumpels aus der Stammkneipe, weiter nichts.«

Ich fühle mich zwar ein wenig erleichtert, mag ihr aber nicht glauben. »So?«, donnere ich, »wieso müssen sich dann himmlische Heerscharen wegen solcher Galgenvögel Sorgen machen, du verworfenes Geschöpf!« Da kriegt Sylvia schmale Augen, zischt leise: »Halt die Klappe«, und setzt laut hinzu: »Willst du nicht erst den lieben kleinen Marcel prüfen und wir reden später, he?!«

»Mag nich blöden Niggelaus. Schmeiß 'n ause Stube raus«, singt der Knirps. Ich gehe drohend auf ihn zu: »So, du magst mich nicht, aha! Wer sagt denn, dass der Nikolaus dich mag? He? Glaubst du, der mag Kinder, die immer böse Verse singen?«

»Singa so schöön«, meint der Knirps verklärt und milde lächelnd, indem er sich in den Hüften wiegt und kokett den Kopf zur Seite neigt. Die Eltern schnaufen gerührt.

»Und die lieben Hundchen? Darf der Marcel die quälen?«

»'pielen«, lispelt Marcel, »mitti Hundi 'pielen. Isa lustig fürn Marcelliebling.« Er wirkt entwaffnend, in seiner träumerischen, lächelnden Zartheit. Ich setze zum dritten Schlag an: »Und was is mit dem nicht rechtzeitig sagen, wenn man aufs Klo muss, hm?«

Marcels Verklärung erreicht den Höhepunkt: »Wieder nich 'sagt«, haucht er. Ich weiß im Augenblick nichts mit der Antwort anzufangen, aber Sylvia erbleicht: »Marcel – hast du schon wieder –« Und der singt innig: »Nixi wissen, Hosi schissen.« Ich rieche es, als ich mich vorwurfsvoll zu ihm hinunterbeuge und leise mahne: »Aber Marcel. Vor mir, vor dem Nikolaus.« Da reißt er mir blitzschnell den Bart ab und bricht in ein infernalisches Triumphgeheul aus. Tommi ist genauso fix. Er reißt mir die Mütze vom Haupt und beide Jungkapitalisten tollen im Zimmer herum und schwenken sirenengleich heulend ihre Trophäen. »Isse nich da Niggelaus!« »Is der Galgenvogel von der Sylvie!«, jauchzen sie. Ich stehe belämmert da, entblößt und weitgehend ich selbst. Sylvia zischelt: »Idiot!«, die Eltern suchen ihre Brut zu haschen. Als sie Marcel fassen und ihm meinen Bart wegnehmen wollen, wirft der ihn Tommi zu, der ihn sofort am Adventskranz entzündet. Das Kunststoffgebilde wird zur fauchenden Flamme, Tommi schmeißt den Brand auf den Teppich, Papa gurgelt Laute, will löschen, erwischt aber statt der Mineralwasserflasche die mit dem Cognac und facht so ein wunderhübsches Feuer an. Mama kreischt vor Wut. Papa zieht seine Jacke aus und wirft sie über die Flammen, in der Absicht, dieselben zu ersticken. Die Flammen verstehen aber seine Absicht falsch und setzen nun auch das Jackett in Brand, was die Schreierei zügellos werden lässt. Die Urmagd rennt jammernd in die Küche. Papa folgt ihr, nach einem Eimer Wasser röhrend, die Flammen züngeln, Mama kreischt mit dem Papagei um die Wette, die Kindlein hopsen vor Freude, patschen in die Händchen und rufen ein über das andere Mal: »Schön is es mi'n Niggelaus, endlich brennt das ganze Haus!«

Ein Wasserguss löscht die Flammen auf der schmorenden Auslegware. Der Rest wird ausgetrampelt. Das Inferno weicht einer Ernüchterung. Ich schleiche auf Zehenspitzen zur Tür und will mich verdrücken. Dort begegne ich zwei alten Ladies, die mit leuchtenden Mienen in feinem Ton jubeln: »Da geht's ja hoch her. Wir haben's bis in den zweiten Stock gehört. Ist der Nikolaus schon da? Ist es so lustig mit ihm?«

»Ja, liebe Omas«, knirscht Sylvia und verdreht die Augen gen Himmel. »Der, den wir dieses Jahr hatten, der war der beste Nikolaus aller Zeiten!«

Dies waren die letzten Worte, die ich von ihrer lieblichen Stimme vernehmen durfte. Sie sprach fürderhin nicht mehr mit mir. Sie sagte nur zu Mike, mit dem sie von nun an dauernd zu sehen war, als der sie nach mir fragte – er hat es mir später erzählt: »So eine Niete sollte nicht unter Menschen dürfen.« Wie mein fernerer Lebenslauf zeigte, hatte sie damit nicht ganz unrecht.

Josef Fendl: Der Nikolaus bei Habersacks

Direktor Hellmuth Habersack und seine Gattin, eine geborene Edle Freifrau von Entenbühl, hatten einen gemeinsamen Sohn – ein verzogenes Muttersöhnchen, um ehrlich zu sein. Der Wonneproppen war lebhaft wie die nächtlichen Fantasien seiner Mutter und trotz seiner jungen Jahre raffiniert wie das tägliche Geschäftsgebaren seines Vaters. Da konnte es nicht ausbleiben, dass der Sprössling, ungebärdig wie ein APO-Revoluzzer der 68er Jahre, überall aneckte, zunächst in der nächsten, aber bald auch in der weiteren Nachbarschaft, wo kein Blumenbeet, kein Fenster und kein Haustier vor ihm sicher war und die Mütter ihren mehr oder minder wohlerzogenen Kindern fürderhin den Umgang mit diesem Rabauken verboten. Mit der Zeit aber richteten sich dessen Aggressionen auch gegen seine Eltern selbst, etwas offener gegen seine Mutter, versteckter und hinterhältiger gegen den Vater.

»Warte nur, bis der Nikolaus kommt!«, war eine gängige Vokabel und eine ständig zu hörende Drohung im Habersack'schen Hause.

Nun, das ungewohnte Outfit des rotgekleideten Mannes mit dem Rauschebart und der ostentativ zur Schau getragenen Rute vermochte den Knaben tatsächlich für eine gewisse Zeit einzuschüchtern und etwas moderater agieren zu lassen.

Das führte schließlich dazu, dass sich der Herr Direktor und seine Freifrau entschlossen, auch zur Jahres-Halbzeit einen Nikolaus zu engagieren. Und da sich die Wirkungsdauer der bischöflichen Ermahnungen reziprok-proportional zur Häufigkeit der Nikolausauftritte verhielt, stieg man auf vierteljährliches, später sogar monatliches Erscheinen um. Waren es ursprünglich verschiedene Nikoläuse, so entwickelte sich mit der Zeit ein festes Arbeitsverhältnis für einen mehr oder weniger berufsmäßigen, um nicht zu sagen hauptamtlichen Nikolaus auf 450,–Euro-Basis.

Nachbarn und Anwohnern wurde es schließlich zum normalen Anblick, dass auf dem Habersack'schen Villengrundstück mindestens jede Woche einmal ein Taxi mit dem Nikolaus vorfuhr. Mochte es regnen oder schneien, mochte der Stern vom Himmel brennen oder der Herbstwind die letzten Blätter von den Bäumen fegen: bei Habersacks kam der Nikolaus so selbstverständlich wie die Fußpflegerin für die Frau Direktor oder die Masseuse für den Herrn des Hauses. Eines Tages freilich kam es zum Eklat: Frau Direktor Habersack, geborene

Edle Freifrau von Entenbühl, hatte sich in den jungen Mann vom Studentenschnelldienst verliebt, der Herr Direktor hatte die beiden in unmissverständlicher Zweisamkeit erwischt, und seine Masseuse riet ihm, unverzüglich seinen Rechtsanwalt zu beauftragen, die ihr schon seit Jahren versprochene Scheidung einzureichen.

Jetzt erst fiel dem Direktor Habersack auf, dass der Sohnemann längst dem erziehlich beeinflussbarem Alter entwachsen war und sich seinerseits bereits in ein junges adrettes Osterhäslein aus seiner privaten Realschule verliebt hatte.

Die Frau des Hauses liierte sich mit dem Studentennikolaus, und Herr Habersack heiratete seine langjährige Geliebte. Und die Welt war wieder in Ordnung. Zumindest vorläufig.

Anna Croissant-Rust: **Wer fürchtet sich vorm Klaubauf?**

Die Kuchler-Moidl war in ungewöhnlicher Tätigkeit, etwas ganz Seltenes bei ihr, da sie in den paar Jahren, seit sie im »Steinbock« in Steinach Dirne war, sich durch niemand in eine etwas beschleunigtere Gangart hatte versetzen lassen, schon aus Grundsatz nicht. Heute rannte sie die Stiegen auf und ab, was man eben bei ihrer etwas »leibigen« Konstitution rennen heißen konnte. Heute passte es ihr gerade, und sie, die sonst stets ein mürrisches Gesicht machte, wenn sie nicht gerade mit den Knechten im Hause oder mit einem Gaste schäkerte, kam jetzt aus dem Lachen nicht heraus. War's nicht laut, so war's leis, und prustete sie nicht heraus, so kicherte sie wenigstens.

Man rüstete sich nämlich im Steinbock zum »Nikolo«, und der Moidl war in diesem Jahre eine Rolle zugeteilt worden, die ihr eben diesen Mordsspaß machte. (…) Ihr ging's wie den zwei »Steinbockkindern«, sie konnte die Zeit nicht abwarten, bis es endlich einmal anfing.

Die Privatzimmer waren für die Kinder gesperrt, aber es war ein Tuscheln drinnen, ein Hin- und Her-, ein Hinein- und Heraushuschen, ein Rauschen von Gewändern, ein unterdrücktes Kichern und, als Moidl drinnen verschwand, auch ein Klirren von Ketten und ein tiefes, grunzendes Brummen.

Im Kinderzimmer herrschte dagegen feierliche Erwartung, die zwei Kinder wisperten nur leise miteinander. Es war wie an Weihnachten, war doch der Nikolo ein Vorbote des Christkindes und brachte eine solche Menge schöner und guter Dinge, dass die Kinder auf ihn warteten wie auf die Bescherung am Christabend. Nur hatte es diesmal seinen Haken. Ja, wenn der grässliche »Klaubauf« nicht dabei gewesen wäre, der schwarze, wüste Kerl, der all die Herrlichkeiten in seinem groben Sack verborgen hielt und sie nur dann herausgab, wenn man seine Gebete und Sprüche richtig aufsagte und wenn Mama und Kinderfrau bestätigten, dass das kleine Volk artig gewesen! War man bös, so reichte dieser abscheuliche Kerl dem Nikolo nicht etwa die schöne vergoldete Rute mit den Nüssen und Äpfeln dran, sondern eine ganz andre, eine ganz echte, gewachsene, derbe, schwarze, die man ordentlich spürte, die zwar der wilde, wüste Kerl nicht selbst auf einem tanzen ließ, weil das nur der Nikolo wagen durfte, aber er stand dabei, er rollte die Augen, fletschte die Zähne und klirrte mit den Ketten dazu, dass es gerade zum Fürchten war!

Das alles wusste der Franzele noch vom vorigen Jahr her, und erzählte es flüsternd der kleinen Berta, die mit aufgerissenen Augen, ganz rot vor Erregung, zuhörte.

Er natürlich fürchtete sich nicht, nein gewiss nicht, das war nur so eine »Hetz«! Er und sich fürchten! Er ging doch schon in die Schule! Er würde dem »Klaubauf« schon kommen, der sollte sich nur getrauen, ihn mit dem kleinen Finger anzurühren! Das Bertele, meinte er, sei natürlich viel kleiner und hätte wohl eine Mordsfurcht, aber es sollte sich nur nicht zu sehr ängstigen, er ließe ihm nichts tun, nur Courage!

Währenddem klopfte es leise, dann lauter an der Türe, und ein eifriges Getrappel entstand vor der Schwelle und allerlei verdächtiges Geräusch dazu, die Türe ging auf, die Kinder drückten sich aneinander, Franzele war weiß geworden wie die Wand.

Da kam voraus ein großer hagerer Mann in einem weißen Priestergewand mit Goldborten, einen dicken goldenen Strick um die Mitte gebunden, dass das Gewand in Falten herabfiel. Darüber hatte er einen langen violettroten steifen Seidenmantel. Sein weißer Bart reichte fast bis zu dem goldenen Strick herunter, und weiße lange Locken fielen über die Schultern; auf dem Kopf trug er eine hohe goldene Bischofsmütze, und einen hohen vergoldeten Krummstab hielt er in der linken Hand. Er sah gar freundlich drein und schaute die Kinder aus guten blauen Augen an, ganz wie die Augen des großen Zimmermädchens Ottilie waren sie, und die hatten sie doch so gern! Auch die Stimme klang ähnlich, nur rauer! Nein, da fürchtete sich das Bertele nicht. Ganz resolut trat sie vor und machte einen Knix, als sie gerufen wurde.

»D' Hand busseln!«, raunte ihr die alte Kinderfrau zu, und gehorsam nahm sie die große Hand und küsste den weißen Handschuh.

»Kannscht a Kreizel machen?«, fragte der milde Bischof.

»Ei ja woll!«, entgegnete sie fröhlich und fuhr kreuz und quer mit dem Daumen über Stirn und Mund und Brust.

»Und beten aa?«

»Woll!« und sofort hub sie an: »Lieber Jäsu mach miach fromm, dass iach zu dir in Himmel komm. – No oans?«, fragte sie, im Bewusstsein, noch zwei auf Lager zu haben.

»Naa naa,« wehrte der leutselige Bischof ab, »es glangt a so scho. Ischt sie brav gwesen?«, fragte er darauf die alte Kindsin.

»Schon, schon«, nickte die.

»Nit alleweil«, sagte danach jemand. Jesus! Die Mutter! Sie war auch da?! Dicht neben dem heiligen Mann stand sie, und in der dunkeln Ecke rührte sich jetzt auch etwas, etwas Dunkles, Zottiges, und ein Klirren kam von dorther – der Klaubauf! Nun hielt er auch noch die Tür weit offen, und draußen der Papa, die Gotl, die Kellnerin Julie, die Zimmerinnen, der Bauknecht, die Dienstbotenköchin, der Michel, die Dirnen und wer weiß noch, der ganze Flur war voll. Da sollte man es nicht mit der Angst kriegen!

Das Bertele wurde noch röter, die Bäcklein glühten wie die Bratäpfel, und die Augen glänzten, wie wenn die Tränen kommen wollten. Doch blieb sie tapfer und fest vor dem Heiligen stehen.

»Jach hab vernommen, dass du dich niacht gern waschen lasst in der Fruah.«

»Wenn 's Wasser decht so nass ischt«, verteidigte sich die Kleine.

»Und 's Nasele lascht nit putzen!«

»Sell woll«, gab sie kleinlaut zu und fuhr zur Bekräftigung sofort mit dem Ärmel über die kleine Stumpfnase.

»Lass mi 's sell nia niacht mehr sehn!«, tadelte der Bischof, »und dass di du waschen lasst, a kloans Fack mag der Himmelvater nia niacht! Aber weil du sonscht brav gwesen bischt, sollscht du die schönen Sachen haben, die wo das Chrischtkindl mir für diach gegeben hat.«

Endlich kam also die Belohnung! Endlich! Das Bertele war schon nahe daran gewesen, aus Zerknirschung zu weinen. Woher er nur alles wusste? Es war ja wirklich so mit dem Waschen und mit der Nase!

Und jetzt kam's aus der dunkeln Ecke vor, ein dickes schwarzes Ding in einer zerrissenen, haarigen Kutte, mit einem weißgrauen Bart wie filziges Waldmoos, eine schwarze Kapuze über den Kopf gezogen, mit einem rußigen Gesicht und Zottelhänden; und erst wie die Augen rollten in dem schwarzen Gesicht! Wie der leibhaftige Tuifl sah er aus! Das schwarze Ding nahm grinsend und zähnefletschend den Sack von der Schulter, und der gute Bischof langte lauter schöne Sachen heraus. Zuerst eine goldene Rute mit Äpfeln und süßen Sachen daran; damit gab er der Kleinen einen leichten Schlag »fürs dreckete Nasele«, dann kam ein kleines Lamm mit einem schneeweißen lockigen Fell hervor, dem der Klaubauf auf den Kopf tippte, dass es »Mäh« schrie, dann ein Rührfässchen, eine leuchtend rote Kapuze, ein großes Paket Lebzelten, eine Schachtel süßer Bonbons, akkurat wie an Weihnachten! Das Bertele hielt all die Herrlichkeiten mit beiden Armen an sich gedrückt und wollte sie der Kindsin durchaus nicht überlassen, doch die stieß sie: »D' Hand busseln,« und den Kopf den schönen Sachen zugewendet, »busselte« das Bertele den weißen Handschuh wieder.

»Wo ischt der Franzele?«, fragte der gute Nikolo, aber er machte ein ernsthaftes Gesicht dazu.

Ja, wo war der Franzele?

Aus der hintersten Ecke, hinter dem Schrank, musste ihn die Kindsin mit Gewalt vorziehen. Dort kauerte der stolze Kavalier seiner Schwester und wollte sich nicht einmal dem heiligen Mann vorstellen lassen. Schlotternd, die Augen voller Wasser, stand er vor ihm und getraute sich nicht einmal aufzuschauen.

»Macht's Kreiz!«, herrschte ihn der Bischof an.

Er führte sogleich die Hand nach der Stirn, dem Mund und der Brust, aber alle fünf Finger zitterten.

»Tua d' Hand busseln«, mahnte die Kinderfrau, und schob und drängte ihn vorwärts, er aber schob und drängte wie ein Bock nach rückwärts; denn je weiter er vorkam, desto näher rückte er dem fürchterlichen Klaubauf, der mit seinen großen weißen Zähnen und den rollenden Augen schrecklich anzuschauen war, gerade wie wenn er einen mit Haut und Haar verspeisen möchte, und der ihm mit einer verheißenden Gebärde eine große Rute zeigte, wobei er unaufhörlich mit den Ketten rasselte.

»Tua beten!«, befahl der Heilige.

Franzele stotterte etwas heraus, schielte aber beständig nach der Rute, die viel zu langsam hinter dem breiten Rücken des Schwarzen verschwand.

»Ischt er brav gwesen?«

Die Frage war an die Kindsin gerichtet. Sie schwieg.

»Decht amal, moanet iach schon?« Diesmal galt's der Mutter. Aber auch die schwieg; im Flur draußen kicherten alle.

»Jach habe gehört, dass du deun Schweschterl, das Bertele, zwickscht, dass du der Kindsin die Zunge herausreckscht, dass du die Moidl an die Wadeln stoscht mit die deinigen Absätz; iach habe gehört, dass du sogar der Mami niacht folgscht, dass du die Katze und den Feldi quälen tuascht, dass du die Ottilie geschlagen hascht und die Moidl angeschbieben, dass du dem Bertele seine Guterln zusammenissescht und dass du den Bergele vom Malseiner mit einem Zündhölzel gebrannt hascht, dafür solscht du jetzt Prügel kriegen!«

Und mit einer Schnelligkeit, die wenig zu dem heiligen Gewand stimmt, hatte der Bischof den Buben gepackt, und sofort reichte auch der Klaubauf die Rute her, aber ehe sie noch auf die wohlgenährte Stelle niedergesaust war, die der Heilige sich sachverständig ausgesucht, und die den Vorzug hat, bei solchen Prozeduren gewöhnlich gewählt zu werden, fing Franzele ein Zetergeschrei an, das im ganzen Hause widerhallte und das gewiss die Gäste in der Bauernstube, in dem schönen, zirbengetäfelten Speisezimmer und im kleinen Andreas-Hofer-Stüberl hätten hören müssen, wenn es nicht zu voll und zu lebhaft dort gewesen wäre.

Die Rute erhielt der Franzele aber doch, wie er auch schrie und strampelte und brüllte und seine Absätze in gewohnter Weise die Schienbeine suchten.

»Es ist genug!«, rief die mitleidige Mutter.

»Noch a bissele«, befahl der Vater, und das Gesinde reckte sich und schmunzelte, obwohl sie alle wussten, dass die Prügel keine so heftigen waren, als sie schienen.

»Es glangt schon!«, rief bittend das Bertele dazwischen, »er ischt decht brav aa wieder!«

Nun hielt der heilige Nikolaus mit beifälligem Schmunzeln gegen das mitleidige Schwesterchen ein, stellte den Bockenden und um sich Schlagenden auf den Boden nieder und winkte den Klaubauf heran.

Jetzt riss aber der Franzele aus! Im Nu war er in seiner Ecke, und keines der Geschenke, die wegen des guten Lernens in der Schule und wegen des jeweiligen Bravseins für ihn aus dem Sack emportauchten, brachte ihn dazu, sein Gesicht von der Wand abzukehren und sein Heulen einzustellen.

Der Klaubauf legte die Sachen kettenrasselnd auf den Tisch und konnte sich nicht versagen, für die vielen Tritte mit »die deinigen

Absätz« mit tiefer Bassstimme zum allgemeinen Gaudium zu sagen: »Ballscht du die Moidl no amal stoscht, kimm iach und hol wieder alles z'samm.«

Dann verschwand auf einmal der ganze Spuk, und die Kindsin blieb allein mit dem heulenden Buben und dem gutherzigen Bertele, das dem Bruder zur Beschwichtigung gleich einen Lebkuchen anbot.

Als das Getrappel, Gerede und Gelächter auf den Gängen verhallt war, drehte Franz den Kopf vorsichtig herum, zog den Arm herunter, schielte nach dem Lebkuchen, ergriff ihn auch herzhaft und sprang mit Lachen auf. »I hab mich decht nit gfürchtet! Den Klaubauf schon gleich gar nit. Fallet mir ein! Du muaßt aber grad so tun, sonst geben sie dir no mehrer Prügel!«

SIEGLINDE OSTERMEIER: Mid de guadn Vorsätz

Näxds Johr, hob i gsagd, näxds Johr wern koane Platzal bacha. Oda jednfois fast koane. Weil des werd oiß vui zvui übatriem. Zu wos brauchan mia siemazwanzg Sortn Platzal, bloß weil d Schwägerin draiazwanzg Sortn bacht, wo mia früahra oiwei guad mid unsare achtzehn Sortn auskema san. Is ja ned, dass i d Schwägerin unbedingd übatreffa wui, weil nämle dera ihre dreiazwanzg Sortn a so ned wirkle stimman, weil de rechnad des oiwei ois lauta verschiedene Sortn, wenns as bloß andaschd oschdreicht. Dawei merkt do des a jeda glei, dass des oa und dasejbe Buttaplatzaldoag is. Oiso ehrle muaß ma do scho bleim. Des is do nacha scho a Untaschied, wenn i Nussmakrona und Mandlmakrona und Dattlmakrona und Haferflocknmakrona und Wejschnussmakrona mach, daad i moana, oda? Aba sie, sie kennt des ja gor ned ausananda. Wiasd as nur machsd, deine Makrona schmackan oi Johr gleich, hod sie gsagd und recht süaß gschaugd. Sowos Scheinheiligs, sowos!

Näxds Johr nimma! Weil siemazwanzg Sortn san einfach zvui. Ma kon ja aa ned mid so ana kloana Menge ofanga. Und wensd rechnesd, dassd jede Sortn wenigsdns vo zwoa Pfund Mej machsd, und wennsd de andan Zutatn no rechnesd, na kimsd leicht auf an Zentna Platzal, und dees is zvui. S ganz Johr dean mia Kalorien zejn und gsund leem, und z Weihnachtn dean ma nacha an Zentna Platzal essn, bloß wega da Schwägarin ihre dreiazwanzg Sortn.

Näxds Johr mach i des nimma mid, grod mid Fleiß! Do werd sa

se nämle schee giftn, wenn i sog, i hob heia bloß drei Sortn bacha, weil de vuin Platzal nimma »in« san und weil i ned so dick wern mecht wia sie und weil Platzal eigentle gor nix mid Weihnachtn zdoa ham und weil des jeda intelligente Mensch scho oiß woaß. Nacha schdehds nämle do mid ihre dreiazwanzg Sortn, de wo ja gor koane dreiazwanzge san, wenn mas gnau nimmt, und nacha kons schaung, wem des no imponiert.

Näxds Johr werd des andaschd. De Zeid, wo i sonsd fürs Platzalbacha brauchd hob, de Zeid kon i nacha für wos andas hernehma, für wos, wo mehra mid Weihnachtn zdoa hod. Vielleicht bsuach i de Tante Ida, de wo im Oidasheim is und wo oiwei koana Zeid hod dafüa, oda i dua da Nachbarin amoi eikaffa, wo se de so hart geht oda i dua ...

Jetzt bin i ganz drauskema, wo war i denn steckabliem? Mei beste Freindin Hilde war nämle grod do und hod mia endle des Rezept vo ihre Vollkornmakrona bracht. Des is ganz was Nejs, und a soichas Rezept hod d Schwägarin gwieß ned. Mei, werd se de ärgern, wenn i näxds Johr achdazwanzg Sortn hob.

LEOPOLD KAMMERER: Einfach gekonnt

Die gute Heiler-Oma war eine vorbildliche Hausfrau vom alten Schlag. Ihr Lebenswerk bestand darin, einen treuen Mann zu versorgen und eine hübsche Tochter großzuziehen. Alles, was zu diesen Aufgaben nötig war, beherrschte sie gründlich.

Nähen, Flicken, Häkeln, Stricken, Waschen, Bügeln und Putzen – all diese Hausfrauenarbeiten verstand sie bestens. Jedoch zu höchster Meisterschaft brachte sie es im Kochen und Backen. Dieses ausgeprägte Talent trug ihr schon von jung auf immer wieder Sonderlob und reiche Anerkennung ein.

Nun, was ein Mensch ein Leben lang mit viel Erfolg praktiziert, das lässt er auch im Alter nicht gern bleiben. So kochte und buk die brave Heiler-Oma, was das Zeug nur hielt, obwohl sie bereits 75 und alleinstehend war. Sooft die Tochter und der Schwiegersohn, oder ihr bereits verheirateter Enkel Mathias mit seiner jungen Frau zu Besuch kam, wurde den Gästen aufgetischt, als ob sie gemästet werden sollten wie Weihnachtsgänse.

Weil aber alle wussten, eine wie große Rolle die Suppen und Braten, die Soßen und Knödel und die Kuchen in Omas Leben spielten, deshalb lobten alle die Köchin über den Schellenkönig, selbst dann, wenn einmal ein Gericht nicht so recht gelungen war.

Das Lob jedoch spornte die Eifrige nur noch mehr an zu neuen Großtaten in der kleinen Küche.

Besonders in der Vorweihnachtszeit kannte ihr Fleiß keine Grenzen und ihr Backrohr keine kühle Stunde. Das musste auch sein, weil doch die jungen Frauen angeblich alle zu bequem sind, Weihnachtsplätzchen zu backen. Außerdem konnten sie es auch gar nicht und übrigens, keine brachte so schmackhafte und so gutaussehende Weihnachtsplatzerl auf den Festtagstisch wie sie, die Heiler-Oma.

In dieser Hinsicht besaß sie auch das gesunde Selbstbewusstsein aller großen Könner.

Um die gute Oma nicht zu kränken, ließ man sie gerne in ihrem unerschütterlichen Glauben, selbst dann, wenn irgendein Rezept einmal danebengegangen war. Außerdem konnte man ihr Backwerk im Allgemeinen schon ehrlich loben. Die jüngeren Frauen, die natürlich alle berufstätig waren, ließen es sich nicht nehmen, dennoch eigene Plätzchen zu backen. Aber als Bereicherung der Vielfalt waren die Zugaben der Heiler-Oma schon willkommen. Aus dieser Sachlage heraus hatte es sich eingebürgert, dass die Heiler-Oma zu jedem Weihnachtsfest ihrem Enkelsohn Mathias und seiner jungen Frau – die leider weit weg in Passau lebten – eine große Blechschatulle mit weihnachtlichem Backwerk schickte. Wer wusste, mit welcher Robustheit um diese Zeit die Millionen Postpakete herumgeworfen wurden, der konnte nur lächeln, wenn er zusah, wie die Heiler-Oma ihre kostbaren Edelplätzchen ins Paket drapierte. Die eine Sorte durfte nicht gestoßen, die andere nicht gedrückt werden. Die mussten wegen des Puderzuckers zuoberst liegen, die anderen nicht zu eng, weil sie sonst aneinanderklebten. Die Vanillekipferl sollte man zart anfassen, weil sie zu leicht brachen, die Engadiner sollten außenherum liegen, weil das ein gutes Bild gab!

So ästhetisch geschlichtet und liebevoll gelegt mochte das dem dekorativen Plätzchenteller auf dem festlichen Kaffeetisch recht fein anstehen. Im Postpaket jedoch überlebte diese feinsäuberliche Ordnung keine zwei Beamtengriffe, geschweige den Zweimeterwurf ins übervolle Transportbehältnis am Aufgabepostamt. Dennoch bereiteten die Plätzchen alljährlich etwas Weihnachtsfreude, für die sich Enkelsohn und Frau immer herzlich bedankten.

Also heuer hatte die Heiler-Oma die diesbezügliche Schwerstarbeit schon hinter sich, und das große Bröselpaket tuckerte vielfach misshandelt im Paketwagen der Bundesbahn Richtung Passau.

Morgen war der letzte Adventssonntag, der letzte Sonntag vor dem Heiligen Abend. »Eigentlich könnte ich die Gusti zum Kaffee einladen«, dachte die Heiler-Oma. Die Gusti war ebenfalls eine Witfrau im etwa gleichen Alter – aber natürlich bei Weitem keine so gute Köchin. Die würde staunen über die herrlich anzusehenden Plätzchen!

Aber jene Gusti kam nicht zum Kaffee! Sie sagte ab wegen einer starken Erkältung.

Da saß nun die Meisterin allein vor ihrem liebevoll dekorierten Plätzchenteller und schwor sich wortlos, die ganze Pracht selber aufzuessen.

Gerade wollte sie ihre zarten Butterteigherzchen und damit auch die eigene Backkunst loben, als sie etwas sehr Salziges auf der Zunge schmeckte. Oh pfui! und das zum Kaffee!

Was war denn das? Eine vorsichtige Nachprüfung ergab, dass es tatsächlich das Plätzchen war, das beachtlich salzig schmeckte.

»Da hat sich doch jemand einen Jux …« – aber wer denn? Schnell etwas Süßes drauf! Ah, brrr! Abscheulich! Das schmeckte ja alles nach Salz! »Da hat mir sicher jemand … oder nein! Um Gottes willen!« Schnell untersuchte sie die beiden Einweckgläser, in denen sie Salz und Zucker aufbewahrte. Oh Schreck, in beiden befand sich Salz! Da musste sie in der Hitze des Gefechtes, will heißen im Durcheinander der vielen Hackerei, beim Nachfüllen einen Fehler gemacht haben.

»Das ist ja entsetzlich – diese Blamage«, stöhnte die Heiler-Oma zu sich selber. »Und dieses versalzene Zeug hab ich dem Mathias und seiner Frau nach Passau geschickt! Was werden die von mir denken?«

Die Gute war völlig aus dem Häuschen. »Nie wieder lege ich die Brille ab beim Backen, und mag es noch so heiß hergehen! Oh Gott, oh Gott! Wie werden mich die Jungen auslachen, und was werden sie zu diesem ungenießbaren Geschenk sagen?«

Zwei Nächte lang fand die Meisterköchin keinen Schlaf und überlegte hin und her – ob sie einen Eilbrief nachsenden sollte? Oder doch nicht? –

Bevor sie sich zu einem Entschluss durchraufen konnte, kam schon ein Päckchen aus Passau mit einem Brieflein obenauf.

Mit zitternden Händen öffnete die Heiler-Oma den Briefumschlag und getraute sich fast nicht, die Zeilen zu lesen, wo bestimmt die versalzenen Platzerl angeprangert und die Musterhausfrau mit Spott bedacht wurde.

Aber nichts von alledem! Das junge Ehepaar bedankte sich wie immer für die liebe Weihnachtssendung. Sie lobten die gute Oma, die sich wieder so viel Mühe gemacht habe. Anliegend hätten sie ein kleines Weihnachtsgeschenk für sie beigepackt, das in der Küche seinen Platz finden würde. Und sie wünschten der lieben Oma halt ein recht sorgenfreies und gesundes Weihnachtsfest!

»Aha«, dachte die Heiler-Oma, »die haben das verpfuschte Backwerk noch gar nicht probiert!«

Doch als sie ihr Geschenk ausgewickelt hatte, wusste sie es anders.

Da lächelte sie leise vor sich hin und sagte: »Das sieht meinem Mathias wieder gleich! Er hat Herzenstakt und Humor!«

Aus Pack- und Seidenpapier hatte sie ihr Geschenk entblättert. Es waren zwei formschöne bauchige Keramiktöpfe, auf denen in großen Buchstaben, die man auch ohne Brille lesen konnte, je ein Wort prangte.

Hier SALZ und dort ZUCKER.

Jutta Makowsky: Backzillus liegt in der Luft

Als ob um diese Jahreszeit nicht schon genug Bazillen herumschwirrten – jetzt kommt auch noch der gefährliche Backzillus und sucht seine Opfer heim. Er findet sie hauptsächlich unter dem weiblichen Teil der Bevölkerung, der männliche ist ungerechterweise weitgehend immun. Männer sind oft leidenschaftliche Köche, sie stellen auch Quiche Lorraine, Zwiebelkuchen und Elsässer Flammkuchen her – aber das süße Kleinzeug, das pingelige, nein danke! Der vorweihnachtliche Backzillus befällt nur Frauen, seltsamerweise sogar die, die sonst mit der Küche gar nicht so viel am Hut haben.

Die ersten Symptome sieht man an den Augen, die vor den Regalen der Supermärkte fiebrig zu glänzen beginnen; sodann weiten sich die Nasenflügel zu manischem Schnuppern, die Zunge schnalzt. Wie unter Zwang greifen die Hände daheim dann in pulvriges Weiß und schmieriges Gelb, werfen mit Eierschalen, setzen dröhnende Maschinen in Gang und verwandeln die saubere Küche alsbald in ein Schlachtfeld. Zu entsetzlichen, schmierigen Klumpen werden die Hände; sie erfassen in diesem Zustand Türklinken und Telefonhörer. Die vom Backzillus Befallenen rufen sich nämlich gegenseitig an, um sich Mut zuzusprechen und Erfahrungen auszutauschen. Mit klebrigem Kugelschreiber notieren sie auf fettigem Papier: Mandeln, Ingwer, Rum ... halt, warte! Wehgeschrei ertönt. Mein Blech! Schwarz, alles schwarz! Der listige Backzillus grinst und schadenfreut sich: Wenigstens ein Blech verbrannter Plätzchen gehört zu seinem Repertoire – ebenso wie die Brandblasen an den Händen seiner Opfer.

In vielen Häusern unserer Stadt riecht man es schon an der Haustür, dass drinnen der Backzillus wütet. »Mhm, wie das duftet!«, rufen die arglos Eintretenden und stürzen sich gierig auf die Ergebnisse der zwanghaften Kunst. Obwohl die Herstellerin, erschöpft und gestresst, unbegreiflicherweise meint, sie seien missraten. O nein, sie sind nicht missraten, sie sind guuut!

Merke: Schmecken tut das Zeug nur vor Weihnachten, wenn man es aus geschlossenen Blechdosen stibitzen kann. Später, nach der offiziellen Freigabe, dient es nur noch zur Dekoration auf den Weihnachtstellern.

Und dann, wenn Türklinken, Telefonhörer und Hände gereinigt und die Brandblasen verheilt sein werden, verzieht sich der listige Backzillus in einen stillen Winkel und ergötzt sich an neuem Wehgeschrei, das da ertönen wird beim Betreten der Waage.

MONIKA PAUDERER: Backen macht lustig!

Ausgerechnet beim Weihnachtsputz hatte sich Christl Hinterstößl den Fuß angeknackst. Sie hatte die Vorhänge zum Waschen abhängen wollen und natürlich war sie zu bequem gewesen, die Staffelei zu holen, ein Stuhl musste es für diese Arbeit auch tun. Der war aber ein wenig wackelig und so war Christl gleich beim Hinaufsteigen »abgestürzt«.

Als ihr Gerhard abends nach Hause kam, war sie schon in der Klinik, es war ihr nämlich gelungen, humpelnd das Telefon zu erreichen und den Notarzt anzurufen. Die Sanitäter nahmen sie gleich mit, denn der Fuß musste ja eingegipst werden. Einen Zettel hatte sie für Gerhard noch schreiben können, wo sie zu finden war. Nun saß er an ihrem Bett und hörte sich ihren Jammer an: »Ausgrechnet jetzt muaß des passiern!«

»Warum wolltst aa d'Vorhäng waschn? Des hätt doch wirklich ned pressiert. Im Fruahjahr waar's friah gnua dafia gwesen.«

»Und Weihnachten hängen s' dreckig vor de Fenster!«

»Oiso, dreckig is bei uns nix und nirgadwo!«
»Du siehgst ja nia was!«
»Stimmt, i siehg ned, warum di hin und wieder der Putzrappel packt. Aber guad, wennst moanst, dass's sei muaß. Bloß solltst halt dann aa wia a Profi arbeiten und ned wia a Zirkusartist. Den Vorhang hab i übrigens wieder aufghängt. Dreckat, wia du sagst. Und den rührst du mir nimmer o, bis mit'm Heizen aufghört wird. Dann rentiert se 's Waschen vielleicht.«
»Moanst, dass i bis Weihnachten wieder dahoam bin?«
»Des bist. I hab scho mitm Doktor gredt, am 23. derf i di abholn.«
»Waas, *oan* Dog vorm Heiligen Abend? Ja, wia soit i denn da mit de ganzen Vorbereitungen fertig werden?«
»Was gibt's denn zum Vorbereiten? So wia i di kenn, hast du de Gschenke scho längst eikauft und verpackt. An Baam bsorg und schmück i, des hab i ja sowieso immer gmacht. Eigladen werd halt heuer neamad, de Kinder wolln ja sowieso ned kemma, und fia uns zwoa findt se was zum Essen in der Kühltruhe. Außerdem, wennst moanst, es fehlat no des oa oder des ander, na konn i 's ja bsorgen. I hab jetzt vierzehn Dog Urlaub.«
»Platzl, Platzl«, überlegte Christl, »de san so weit fertig. Garniert müaßatn s' halt no werden, woaßt scho, Zuckerguss und Marmeladenfüllung und Schokostreusel …«
»Des brauchts oiß ned, na ess ma s' halt nackad. San ma sowieso liaba aso!«
»Aber der Stolln! Und 's Kletzenbrot!«
»Des kauf ma, und fertig!«
»Geh, a kaufter Stolln! Der ist doch nia so guad wia mei selberbachana!«
»Bist da ned a wengl spät dro damit? Muaß so a Stolln ned a Zeitlang durchziahgn?«
»Ja, da hast scho recht. Aber i hab a spezielles Rezept, no von da Tante Mali. Da kimmt a Bier nei in den Doag und a Kirschwasser. Damit ziahgt er schneller durch und werd aa lockerer, braucht ned so vui Fett.«
»A Bier im Stolln? Des hab i ja no nia ghört!«
»Ghört ned und gschmeckt aa ned, weil ma des ned rausschmeckt. Aber es macht den Doag wirklich schee locker.«
»Ja, dann kannt ja i den Stolln backen!«
»Du?«

»Warum ned? Wenn's so a einfachs Rezept is, wia du sagst. Wo find i des denn?« Christl überlegte scharf und entschied dann: Besser ein von Gerhard mit viel Liebe, aber weniger Geschick gebackener Weihnachtsstollen als gar keiner. Oder ein gekaufter! Das Kletzenbrot konnte sie dann auch zum Neujahr backen, wenn sie wieder zu Hause war. »Also, des Rezept liegt in meim Rezeptbuach«, sagte sie als Ergebnis ihres Nachdenkens. »Der handgeschriebene Zettel, den i zwischen die Seiten mit den Backrezepten einklebt hab. Du kennst der Tante Mali ihr Schrift, altdeutsch hat s' no gschrieben, aber du hast des ja aa no in da Schul glernt, da wirst scho zrechtkemma. Und jetzt bin i miad«, sagte sie abschließend und drehte sich zur Seite. Gerhard blieb nichts anderes übrig, als ihr übers Haar zu streichen: »Also dann, guade Besserung. Morgen komm i wieder, aber erst auf d' Nacht, wenn i den Stolln fertig hab!« Christl gab keine Antwort mehr.

Am anderen Morgen suchte Gerhard im Kochbuch seiner Christl das handgeschriebene Rezept von der Tante Mali. Tja, da gab es mehrere, aber hatte seine Frau nicht gesagt, sie hätte es zwischen die Seiten mit den Backrezepten eingeklebt? Dann musste es das hier sein. »Weihnachtsstollen auf Mali-Art« konnte er entziffern. Also wenn das so weiterging mit der »deutschen Schrift«, dann konnte er nicht garantieren, dass aus dem geplanten Stollen etwas wurde! »Man nehme« – damit fing wohl jedes Rezept an. Mehl, natürlich. Hefe. Wo war die? Gerhard suchte im Kühlschrank nach. Aha, da im Eierfach. Eier? Ja, Eier brauchte er auch. Und Zucker. Was stand da noch? Milch. Reichlich. Milch war keine da. Und was verstand man unter »reichlich«? Außerdem hatte Christl doch von Bier gesprochen! Ob die Tante Mali anstelle von Milch Bier genommen hatte? Wann kam das Bier in den Teig?

Die ganze Rezeptstudiererei hatte Gerhard durstig gemacht. Also wenn schon Bier, dann erst einmal ein Glas voll für ihn. Zitronat, Orangeat, bittere Mandeln, süße Mandeln, Sultaninen. Wo war das ganze Zeug zu finden?

Gerhard suchte in Christls Vorratsschrank und wurde auch fündig. Aber welche Mandeln waren bitter und welche süß? Das musste er probieren. Es stand zwar auf der Verpackung, aber besser, man überzeugte sich selber.

Drei Esslöffel Kirschwasser las er. Kirschwasser, hm, war denn so etwas überhaupt im Haus? Normalerweise gab es bei den Hinterstößls nur selten Schnaps, höchstens wenn einmal ein Besuch kam und einen mitbrachte. Aber wenn Kirschwasser für das Rezept nötig war, dann musste bestimmt auch Kirschwasser im Haus sein. Wieder suchte Gerhard und fand tatsächlich eine kleine Flasche in der Speisekammer. Der Schnaps war nicht kalt, das spielte wahrscheinlich für die Stollenzubereitung keine Rolle. Ob er aber auch gut war? Gerhard schenkte sich ein Stamperl voll ein. Hm, nicht schlecht! Das Bier war inzwischen ausgetrunken und er wusste immer noch nicht, wie »reichlich« es in den Teig kam. Also dann zuerst noch einmal für sich selber nachgeschenkt. Ein Schnapserl dazu konnte nicht schaden. Eigentlich eine prima Kombination. Aber er musste mit dem Stollen weiterkommen. Das Hefeteiglein war inzwischen vorschriftsmäßig gegangen, das hatte er gut hinbekommen! Da waren noch die Mandeln zu schälen und zu reiben, die Sultaninen zu waschen. Was kam außerdem in den Teig?

Ein Schluck aus dem Bierglas. Ein Schlückchen aus dem Schnapsglas. Gerhard wurde warm. Der Backofen war vorgeheizt, wahrscheinlich schon zu lange, denn er war mit dem Teig noch nicht fertig. Also, was fehlte noch? Zuerst einmal das Fenster auf! Ein Windstoß blätterte im Kochbuch.

»Vier große Zwiebeln schälen und in Scheiben schneiden«, entzifferte er Tante Malis Handschrift. Wie? Zwiebeln in den Stollen? Aber wenn schon Bier hineinkam. – Gerhard holte also die Zwiebeln aus dem Sack am Balkon, schälte und schnipselte sie, weinte dabei ein wenig und musste den Flüssigkeitsverlust mit einem Schluck Bier und einem Glasl Schnaps ausgleichen. Ihm wurde immer heißer und er wedelte ein wenig mit dem Geschirrtuch, das er sich um die Hüften gebunden hatte. Wieder verblätterte sich das Rezept, ohne dass er es bemerkte. Es war ja Tante Malis Handschrift, altdeutsch. »Die Tomaten klein schneiden, vorher die Haut abziehen.« Tomaten? Wirklich, da stand »Tomaten«. Es waren tatsächlich vier Stück davon im Kühlschrank. Wie zog man denen die Haut ab? Gerhard probierte es und hatte nur Matsch zwischen den Fingern. Ach was, das würde sich beim Backen schon geben, genauso wie man das Bier nicht schmeckte und das Kirschwasser auch nicht und garantiert keine Zwiebeln. Er rührte also eifrig die Zwiebeln unter, die gehackten Mandeln, die ihm beim Hacken immer wieder vom Brettchen gehüpft waren. Für diesen Frust musste er sich mit einem Stamperl Kirschwasser trösten.

Tomaten und Sultaninen, Orangeat und Zitronat, eine Prise Zimt und ungemahlene Pfefferkörner. So recht aufgegangen war er noch nicht, der Teig. Ob ihm noch ein Schluck Bier und ein Schuss Schnaps fehlten? Gerhard hatte jedenfalls Appetit darauf, also ein Schluck Bier für den Stollen, ein Schluck für Gerhard, ein Schuss Schnaps für den Stollen, ein Stamperl für Gerhard. Hicks, jetzt drehte sich alles. Aber das kam sicher auch davon, dass er den Teig so drehte, wie es sich für einen Stollen gehörte. Ein Wickelkind sollte er angeblich darstellen, na ja, ein Kind gewickelt hatte Gerhard Hinterstößl nie, damals war das noch nicht in Mode gewesen, als seine Sprösslinge das brauchten. Aber er war der Meinung, er hätte das gut hinbekommen. Darauf noch einen Schluck und dann ab damit in den Ofen, mit dem teigernen Wickelkind.

Die ungewohnte Arbeit hatte ihn doch ganz schön müde gemacht, so legte er sich im Wohnzimmer auf die Couch, die Zeitschaltuhr würde ihm schon anzeigen, wenn der Stollen fertig war.

Nur hörte er sie nicht, sie wurde übertönt von seinem eigenen Schnarchen. Still und leise verkohlte der Bier-Schnaps-Pfeffer-Zwiebel-Tomaten-und-so-weiter-Stollen in der Röhre und erst der brandige Geruch weckte Gerhard Hinterstößl. Hastig zog er sein Gesellenstück nach dem altdeutschen Rezept der Tante Mali aus dem Ofen – und begrub jede Hoffnung, von seiner Christl ein Lob dafür einzuheimsen. Sollte er ihr sein Versagen beichten? Nie und nimmer!

So ging er zum Bäcker Seidl um die Ecke und erstand dort einen »Weihnachtsstollen nach alt-deutschem Rezept« und eine kleine Flasche Kirschwasser, denn die seine war leer und für den Teig hätte er ja nur drei Esslöffel gebraucht!

Als Christl am Weihnachtsabend den von ihrem braven, guten, lieben Gerhard selbst gebackenen Stollen anschnitt und probierte, war sie des Lobes voll: »So guad hab i eahm ja selber no nia hibracht! Den Stollen backst jetzt jeds Jahr du!« Na dann prost!

Leopold Kammerer: Zu was denn an Christkindlmarkt?

Ziemlich grantig legt der Stadelbauer-Vater seine Zeitung weg, wie ihn seine bessere Hälfte zum dritten Mal drängt: »Jetzt horch halt amal her, Vadda! Unser Anni hat angrufen, ob ma ihr ned de Kinder für a paar Stund abnehma könntn. De möchten so gern mit'm Opa auf'n Christkindlmarkt geh – und d' Anni hätt so vui Arbat, dass sie froh wär, wenn s' de zwoa Kinder amal an Nachmittag aus'm Haus bringert. – Geh ma halt mit eahna auf'n Christkindlmarkt!«

»Ja, sunst no was«, brummelt jetzt der Stadelbauer-Senior. »I mags ja recht gern, de zwoa Enkerl-Fratzen, aber zu was denn an Christkindlmarkt? – Des Zeigl, was's da gibt, des kriagst ja doch in jedem Kaufhaus billiger!«

»Geh, Vadda, hast jetzt du gar koan Verstehstme? De ganze Stimmung, de Vorfreud aufs Christkindl, des is doch auf am Weihnachtsmarkt ganz was anders für d' Kinder – de Buden und Standerl im Freien und überhaupts –. Aber i woaß scho, du hast bloß Angst, dass d' amoi dei stingerte Pfeifa aus'm Maul nemma müaßerst und oans vo de Kinder bei der Hand führn.«

»Ach was! Du woaßt genau, dass i an Buale und des kloa Mädi liaber mag ois wia sunst was. – Aber deszweng brauchst ned scho wieder mei Pfeifa ozwidern. A scheene Tabakspfeifa is no oiwei des Besser, was a oida Mo in seim Mai haben ko – wenn scho de Zähn oiwei weniger werdn.«

»Is ja guat«, lenkt da seine Berta diplomatisch ein. »Du sollst dein Tabak habn und de Kinder eahnan Christkindlmarkt. Jetzt ziag di o, na geh ma und holn de zwoa Spatzerl ab, dass unser Tochter ar amoi Weihnachtsvorbereitungen treffen konn, ohne dass ihr de zwoa Plaggeister allweil auf de Nerven rumtanzen.«

Ja, und so fügte es sich, dass der Stadelbauer-Opa doch auf den Weihnachtsmarkt kam. Freilich wollte er dort gleich wieder über die Preise nörgeln oder weil's nasskalt war und noch gar kein Schnee fiel. Aber da stauchte ihn seine Berta kurz und energisch zusammen, während die Kinder an einem Spielzeugstandl abgelenkt waren. »Jetzt grantelt ned rum und verdirb uns den Spaß ned. Schaug liaber, was de Kinder für a Freud ham – und kauf eahna halt a bisserl was!«

Da hat dann der Opa doch in die hintere Hosentasche gegriffen und dem sechsjährigen Buale und dem fünfjährigen Mädi was zum Schlecken gekauft.

Plötzlich zerrt ihn der fast schulreife Enkel an einen Stand, um den herum lauter kleine Papierl auf dem Boden liegen. »Du, Opa, was is 'n des? Was gibt's denn da?«, will er wissen. Die Oma schaltet sich schnell ein und sagt: »Des is ein Glückshafen, Buale. Da gibt's Lose!« Und weil sie dabei zum Opa hin mit den Augen rollt wie ein sterbender Mops, drum versteht der Senior schließlich, was sie meint. Er kauft den zwei Enkerln zwei Lose. Dann hebt er den Buben und das Mäderl hoch, dass jedes sein Losbrieferl selber aus der breiten Schale herausnehmen darf.

Dann wird mit zittrigen Fingern aufpapierlt, und der Bub hat schon einen Treffer. Er kriegt von der netten Lotteriefrau eine große Packung Keks ausgehändigt. Das Mädi hat leider keine Nummer auf seinem Papierl, sondern das Wort »Niete«. Weil die Kleine gar so ein trauriges Gesichterl schneidet, meint der schlaue Opa: »Da muss dir halt der Buale von seine Kekserl a paar abgeben.« Aber die noch viel schlauere Losverkäuferin sagt: »Oder der liebe Vati kauft seinem Mäderl noch ein paar Lose dazu. Des wär's doch wert, wenn ma so ein schönes Töchterl hat!«

»Geh, tean S' mi ned so derblecka! – Töchterl!! Des san doch meine Enkerl«, hat der Stadelbauer-Opa abgewehrt. »Aber weil S' gar so nett san und mir noch so goidige Kinderl zuatraun – na geben S' ma glei no fünf Lose – wenn i scho so einen Glückstag hab, Sie Christkindl, Sie raffiniert s!«

Und das Mädi durfte jetzt alle fünf Losbrieferl aufmachen. Das erste war wieder eine Niete, und schnell sagte die gute Oma: »Des war für mich!« Das zweite Los hatte aber eine Nummer, und die Kleine bekam dafür eine süße Pralinenpackung.

»Und jetzt mach ma die restlichen auf«, mischte sich die Oma ein, »vielleicht hat des Weihnachtsengerl noch a Überraschung!« – »Haaha – vielleicht an Nudelwalker für d' Oma«, spöttelte der Stadelbauer-Vater. Aber da schnitt ihm ein kleiner Juchuschrei seiner Berta das Wort ab. »Uiii, Haupttreffer, steht da drauf!«

Die Losfrau nahm die Nummer eilig an sich, gratulierte lachend und verschwand hinter den aufgeschichteten Kleinpreisen, Teddybären und Puppen in ihrem Glückshafenstanderl. Dann brachte sie eine schöne, längliche Packung als Haupttreffer. Strahlend überreichte sie den Preis und meinte: »Des is bestimmt für den braven Familienvorstand!«

Alle schauten nun neugierig zu, wie der Stadelbauer-Opa den Haupttreffer auspackte. Es war eine wunderschöne, alte Tabakspfeife mit einem herrlich bemalten Pfeifenkopf.

»Ja, des is ja ganz a wertvolle«, sagte er, und mit ungläubigem Kopfschütteln wiederholte er ein ums andere Mal: »Naa, so ein Glück!« Und ringsum lachten fremde Leute und die Losfrau, und überhaupts der ganze Christkindlmarkt strahlte jetzt mit tausend Lichterln und Sterndeln.

Da hat der Opa schnell noch mal in die hintere Tasche gelangt und hat der Oma ein Glas heißen Punsch und den Kindern ein paar Würschtl und ein Limonad spendiert. Und weil ihm das Mädi ein so unglaublich gutes Los aus der Glücksschale herausgefischt hatte, hat er ihm noch einen Teddybären gekauft und dem Buale ein kleines Polizeiauto.

Inzwischen war es richtig dunkel geworden, und man trat den Heimweg an. Aber die Glitzerpracht vom Christkindlmarkt ist hernach den Kindern noch im Betterl in ihren Augen gestanden, und die Oma hat später daheim den Opa gefragt: »Hast jetzt gsehn, was de Kinder für a Freud ghabt ham, am Christkindlmarkt?«

Freili«, hat er gsagt, »i scho aa – und nächstes Jahr, da gehn ma wieder!«

Da war die Stadelbauer-Oma auch glücklich, dass ihr kleiner abgekarteter Schwindel mit der Glückshafen-Frau so gut funktioniert hat. Denn wenn sie ihrem alten Kindskopf die wertvolle Pfeife selber geschenkt hätte, dann hätt sie ihm lang nicht so viel Freud gmacht.

HERBERT SCHNEIDER: In der Falle

Ja, du torkelst ja, sagt die Reischlin zum Reischl. Wo kommst du denn her?

Direkt von den Hirten auf dem Felde, antwortet der Reischl vergnügt und versucht, ihr einen Schmatz aufzudrücken.

Bleib mir vom Leib mit deiner Fahne! Sich am helllichten Tag volllaufen lassen! Habt ihr vielleicht eure berüchtigte Betriebsweihnachtsfeier gehabt – mit dem Fräulein Wildmoser als gefallenem Engel?

Nein, erwidert der Reischl, diese Feier ist erst übermorgen. Da kannst du vor Mitternacht nicht mit mir rechnen. Ich war ganz woanders, ich war auf dem Christkindlmarkt, um dir eine Freude zu machen!

So, und aus was besteht diese Freude? Vielleicht aus deiner roten Nasn?

Nein, ich wollte dir was Hübsches mitbringen, etwas, das zu dir passt – zum Beispiel einen Wecken Kletznbrot.

Tu dich mäßigen, gell! Zeig mir lieber das Geschenk!

Ja, das ist jetzt so eine Sache, zögert der Reischl. Weißt du, ich bin gar nicht so richtig in den Christkindlmarkt hineingekommen …

Aha! Hat gar der Herr Oberbürgermeister Barrikaden errichten lassen, um dich und deinesgleichen vor Fehlkäufen zu bewahren?
Das gerade nicht. Aber gleich am Eingang hat mir eine Glühweinbude den Weg versperrt. Und weil es mich ganz furchtbar in die Finger gefroren hat …
Und Handschuhe hast du keine?
Hätt ich schon. Aber du selber bist es gewesen, die sie mir heut in der Früh nicht mitgegeben hat!
Dann wundert mich bloß, dass du nicht in Unterhosen ins Geschäft gegangen bist. Denn deine Hose, die hab ich dir ja auch nicht angezogen.
Ja, leider, seufzt der Reischl. Der Service könnt wirklich besser sein!
Und ich hab immer geglaubt, ich wär mit einem Mannsbild verheiratet und nicht mit einem Wickelkind, empört sich die Reischlin.
Also, wie schon gesagt, fährt der Reischl fort, es hat mich sakrisch in die Finger gefroren, und da hab ich mir gedacht: An einem Haferl heißen Glühwein könntest du dir die Klupperl aufwärmen.
Mit anderen Worten: Kalte Hände müssen für deinen Alkoholismus herhalten! Sag endlich klipp und klar: Wieviele Haferl sind es gewesen?
So genau könnt ich dir das gar nicht mehr sagen. Da war nämlich nebenan noch ein Stand, dort hat's Schweinswürstl mit Kraut gegeben. Da bin ich immer so hin- und hergependelt.
Aha, deshalb hängen also an deinem Schnurrbart Krautfäden. Hat's dich vielleicht in die Lippen auch gefroren?
Ohne auf diese Gehässigkeit einzugehen, sagt der Reischl: Sechs oder höchstens sieben Haferl, mehr waren es nicht. In dem Glühwein war Zimt drin und Nelkengewürz. So was Gutes hab ich selten gegurgelt!
Gewissen Leuten könnt man wahrscheinlich Abspülwasser verkaufen, wenn man nur genügend Schnaps hineinschüttet, meint die Reischlin. Aber hast du nicht von einem Geschenk gefaselt?
Ach so, ja, aber stell dir vor, was passiert ist: Als ich meine Glühwein- und Würstlrechnung beglichen hatte, war mein Geldbeutel leer.
Und da bist du dann stehenden Fußes heimgetorkelt?
Stehenden Fußes nicht, sondern gehenden Fußes. Ich wollt so schnell wie möglich bei dir sein, um dich an meiner guten Laulau-laune teilhaben zu lassen. Der Reischl hat zu lallen angefangen. Während er sich auf den Diwan plumpsen lässt, denkt er: Neugierig bin ich, ob sie mir morgen endlich Handschuhe mitgibt!

SIGI SOMMER: Kripperlmarktbericht

Als der Großstadtbummler den Münchner Kripperlmarkt besucht und den Geruch von Magenbrot, Myrten und Morgenland schnuppert, ist seine Nase im Nu wieder zehn Jahre alt. Und gleich beim Würstlbrater am Eingang, der den Vorübergehenden mit seiner Grillzange unter den roten Minusgesichtern herumfuchtelt, als wollte er ihre frierenden Zinken auf den Rost legen, fällt ihm der Froschhammer Ferri wieder ein. Sein ständiger Begleiter aus der Marmeladebrotzeit. Denn mit ihm ging der Spaziergänger nicht nur sechs Jahre lang in die gleiche grässliche Einmaleinsburg, zum Fliederstehlen und nachher auch zusammen zur Blau Mausi. Sondern jedes Jahr auch pünktlich auf den glitzernden Märchenmarkt der Vorfreude. Und da hatte seinerzeit, als ständiger Vorposten auf der Lamettadult, der Pferdemetzger Hieb seinen Wurstkübel stehen. Die Vorstadttrapper schlichen lauernd um sein zahmes Lagerfeuer herum, auf dem ein riesiger schwarzer Hafen stand, in welchem pflastermüde Rollfuhrmustangs, in fingerlange Portionen abgeteilt, melancholisch herumschwammen.

Herr Hieb war an sich ein grundguter Zeitgenosse mit einem gewaltigen Schnurrbart, der ausschaute wie der Schweif eines Haflingerhengstes, aus dem man mühelos die Fiedelbogen für ein ganzes Streichorchester hätte machen können. Nur wenn man bei dem wackeren Cavallo-Killer auf seinen Beruf anspielte, wurde er kritisch. Und gerade deshalb taten es natürlich die meisten Bürscherl. Sie stellten sich dann in respektvoller Entfernung hin, und wenn Herr Hieb nicht herschaute, begannen sie laut zu wiehern und mit den Schnürstiefelfüßen zu scharren. Bei einer solchen Pantomime wurde der alte Mann stocknarrisch und der Ferri schließlich auch einmal von ihm erwischt. Der fuchsteufelswilde Schimmelschlächter steckte die Sünder jedoch nicht in den heißen sprudelnden Sudhafen, sondern er legte ihnen eine ganz andere Buße auf. Sie bekamen nämlich je eine leicht aufgeplatzte Pfälzerwurst und mussten damit laut schmatzend und sich den minderjährigen Bauch klopfend zwei Stunden lang Reklame essen, damit die reichen Herrschaftsbamsen, die doch alles haben müssen, auch einkaufen würden. Was sie dann angesichts der bampfenden Werbeschlucker auch taten.

Im Übrigen war der Froschhammer Ferri nicht nur ein Schlitzohr, sondern auch ein begehrter Ministrant. Der besonders um die Weihnachtszeit auf den Spuren des Kindes wandelte und für seine

Weihrauch- und Dominus-vobiscum-Zehnerl außer Bärendreck und heißen Maroni auf dem Christkindlmarkt auch für sein Kripperl daheim fleißig einkaufte. Zum Beispiel einen zwanzig Zentimeter langen Kiesweg mit einer Kurve oder einen halben Meter grauen Watterauch. Und einmal, da sollte er für das Schulzimmerkripperl jenes Stroh besorgen, auf welches dann das frierende Kindlein gelegt würde. Der Herr Kaplan hatte ihm jedoch gesagt, da dürfe er nur Strohhalme bringen, die er sich durch eine gute Tat verdient hätte. Für jedes gefällige Werk einen Halm. Da begann der Ferri, nach längerem Nachdenken, alte Leute über die Straße zu führen, ob sie wollten oder nicht. Sie mussten einfach rüber. Trotzdem bekam er schließlich nur fünf Halme zusammen. Als dann der damalige Schüler meinte, daraus könne er doch unmöglich ein Bettchen machen, erwiderte sein begabter Spezi: »Ja, du bist doch der Allerdümmste! Da nimm i doch fünf Strohhalm, an jedn mit oan Meter Läng, und schneid s' einfach kloa zamm, nacha liegt's schee woach, 's Kinderl.« Leider wurde dem Ferri selbst kein weicher Platz beschieden, sondern ein steinharter. Im Kaukasus, wo er unter eine gesprengte Brücke zu liegen kam.

Und dann bummelt der Tritschler halt wieder einmal durch das kleine Glimmer-Glitzer-Paradies. Vorbei an den Standln mit den Zwetschgnmanndln und dem Kletzenbrot. Jener Adventspeise, die manchem Verbraucher sicher so schwer im Magen liegt wie ein Vaterschaftsprozess. Und mit den vielen, vielen Lebkuchen, mit denen man fast die ganze Sahara pflastern könnte. Die Bethlehem-Statisten in den zahlreichen Figurenständen sind hart umringt von großen und kleinen Interessenten. Dreihundert Heilige Drei Könige schauen stur nach links, obwohl ein kleiner Bub unbedingt einen Balthasar mit rechter Blickwendung bräuchte. Und Simba, dem König der Wüste, hängt eine lange rote Zunge heraus, als hätte er nebenan von dem Hustenonkel seinen herrlichen Malzguatln genascht. Ein Herr im Lodenmantel misst ein Kamel mit dem Meterstab nach und dann einen Esel. Schließlich erklärt er der alten Standlfrau, die selber wie eine biblische Erscheinung wirkt: »Naa, der is ja um d' Hälfte z' kloa, der schaugt ja neba meim handgschnitztn Josef direkt aus wia a Dackl.«

Auf einmal beginnt irgendwo eine Spieluhr mit lächerlich dünner Stimme zu leiern: »Es ist ein Reis entsprungen.« Und da erinnert sich der stille Träumer schmunzelnd, dass sein bissiger, königstreuer Onkel zu dieser Melodie immer den selbsterfundenen Text unterlegte: »Es ist ein Preiß zersprungen.«

Nachher macht der Bummler auch noch einen kleinen Besuch bei dem wunderschönen Kripperl am Bunker, direkt unter dem geschweiften Glühlampenstern. Alles will dort Anteil nehmen an dem Wunder. Hasenfell-Hirten eilen mit Zentimeterschritten herbei. Ein winziger Libanon-Schnauzl beißt ganz kleine Löcher in den kalten Nachmittag. Und Allgäuer Kühe, indische Elefanten, bayerische Oberlandler, maurische Sklaven und afrikanische Palmen stehen in demütiger Hartfasergeduld um das Mirakel herum. Direkt vor dem Stall aber freuen sich zwei alte Münchner Ansichtskarten-Bierdimpfl über das Panorama ihrer Kindheit, und der eine stellt seinem Dreiquartel-Spezl eine komische Frage: »Woaßt du aa, warum d' heilige Maria gar so traurig auf ihran kloana Buam obischaugt?« Und wie sein Dämmerschoppenkamerad darauf den Kopf schüttelt, erwidert er kichernd: »So, des woaßt du net. Nacha muaß i da 's hoid sogn. Sie häd nämlich vui liaba a Maderl ghabt!«

Walter Zauner: Der Christkindlmarkt-Experte

Gestern war Freitag vor dem vierten Advent. Um die Woche beschaulich ausklingen zu lassen, habe ich mich mit Peter und Niki auf dem Schwabinger Weihnachtsmarkt verabredet, um mit ihnen ein, zwei Gläser Glühwein zu trinken. Um 12.15 Uhr komme ich an der Münchner Freiheit an. Peter und Niki sind noch nicht da. Also muss ich wohl oder übel den ersten Glühwein allein trinken. Als die beiden endlich eintreffen, habe ich bereits die zweite Tasse zur Hälfte geleert. Wir unterhalten uns über alte Zeiten und darüber, dass wir uns vor nunmehr vier Jahren auf dem Schwabinger Weihnachtsmarkt genau an diesem Stand beim Glühweintrinken kennengelernt haben. Wir kommen aufs Leben an sich und die Liebe im Besonderen zu sprechen. So kommt es sehr schnell zum dritten beziehungsweise kurz später zum vierten Glas Glühwein.

Um 13.45 Uhr muss ich aufbrechen, weil ich schon um zwei mit Thomas auf dem Neuhausener Weihnachtsmarkt am Rotkreuzplatz verabredet bin. Mit ihm trinke ich einen Teisendorfer Weihnachtstrunk, der auf der Grundlage von Früchtetee mit Enzian und Rum gemischt wird. Angeblich eine Chiemgauer Spezialität aus dem 17. Jahrhundert. Ich genehmige mir zwei Tassen davon, wobei wir uns angeregt über das Leben an sich und die Liebe im Besonderen unterhalten. Auf dem Weg zur U-Bahn bleibe ich an einem Stand hängen, der weißen Glühwein auf der Grundlage von Grünem Veltliner aus dem Burgenland anbietet. Überzeugt mich überhaupt nicht. Deswegen nur eine Tasse. Dann steige ich in die U-Bahn. Es ist bereits 15.07 Uhr, als ich auf dem Giesinger Weihnachtsmarkt eintreffe. Ich besuche ihn dieses Jahr zum ersten Mal. Deswegen kenne ich hier noch niemanden. Aber das macht nichts. Um so besser schmeckt der Zirltaler Winterpunsch auf der Grundlage von Kirschwasser mit Schwarztee. An und für sich zu kräftig für die Tageszeit, obwohl es schon dunkelt. Deswegen bleibt es auch bei einem Glas. Aber den Zirltaler Winterpunsch wird man sich merken müssen.

Um 15.33 Uhr nehme ich den Bus, der mich vom Giesinger Weihnachtsmarkt direkt zum Haidhauser Weihnachtsmarkt am Weißenburger Platz bringt. Ich bin dort mit Hermann verabredet, der sich aber, wie üblich, verspätet. Also kaufe ich allein ein Glas Finsterglühwein und stelle mich zu Gleichgesinnten. Wer Weihnachtsmärkte kennt, weiß, dass es überall Gleichgesinnte gibt. Ich führe ein paar nette Gespräche über das Leben an sich und die Liebe im Besonderen. Nach einem warmen Jäger – das ist ein heißes alkoholreiches Getränk auf der Grundlage von Wasser und Kräuterlikör – gehe ich zur S-Bahn und fahre um genau 16.17 Uhr zum zentralen Weihnachtsmarkt am Marienplatz. Jetzt dunkelt es bereits gewaltig. Trotzdem erkenne ich an einem Glühweinstand Hermann, mit dem ich mich an sich auf dem Haidhauser Weihnachtsmarkt am Weißenburger Platz treffen wollte. Nach erheblichen Vorwürfen meinerseits versöhnen wir uns bei einem heißen Ratzebutz. Das ist kein einheimisches Getränk. Man trinkt es zur Weihnachtszeit im Badischen. Auf der Grundlage von Bärwurzschnaps und Ingwerlikör. Andere Länder, andere Sitten! Gegen 17 Uhr sagt Hermann, ich solle nicht schwächeln und ihn auf den Pasinger Weihnachtsmarkt begleiten. Freilich, sag ich, das ist der nächste Weg für einen, der noch einmal auf den Schwabinger Weihnachtsmarkt muss. Aber, sagt der Hermann, da gibt's den feinen schlesischen Christfestschoppen! Überredet! Wir fahren nach Pasing. Aber erwischen blöderweise die S 7, die gar nicht nach Pasing fährt, sondern nach Solln. Trotzdem ärgern wir uns nicht, weil wir auf diese Weise auch noch den Mittersendlinger Christkindlmarkt mitnehmen können. Wir kommen mit einer jüngeren Frau bei heißem Klobensteiner Wurzhüttengeist aus dem bayerischen Oberland ins Gespräch und landen in Kürze beim Leben an sich und der Liebe im Besonderen. Das schlägt dem Hermann aufs Gemüt, und wir brechen jäh zum Pasinger Weihnachtsmarkt auf, den wir um 17.55 Uhr erreichen. Von dem hochgelobten schlesischen Christfestschoppen bin ich eher enttäuscht, gebe ihm aber noch eine zweite, dritte, gar eine vierte Chance. Aber es ist und bleibt ein süßes, klebriges Zeug. Trotz seiner 38 Prozent. Leicht verärgert setze ich mich deshalb um 18.51 Uhr in die S-Bahn und fahre über den Weihnachtsmarkt am Marienplatz (hier noch zwei heiße Zitroneningwer-Likör-Gläschen) zum Schwabinger Weihnachtsmarkt, wo Peter und Niki sich nicht mehr über das Leben an sich, sondern nur noch über die Liebe unterhalten. Ich genehmige mir die zwei letzten Glühweingläser – und mache meinen Freunden den Vorschlag, diesen vorweihnachtlichen Abend mit dem schönen Andachtsjodler würdig ausklingen zu lassen. Unser Gesang geht allen ans Gemüt, und so singt bei der vierten Wiederholung bereits der halbe Schwabinger Weihnachtsmarkt mit. Djodjodihöhh! Sogar der Massimo vom italienischen Stand jodelt mit. Ich umarme ihn dafür, und er lädt mich zu einem sizilianischen »Buon-Natale-Punsch« ein. Wenn sich meine heute schon arg strapazierten Geschmacksnerven nicht irren: auf der Grundlage von heißem Lambrusco mit viel Ramazotti. Um 19 Uhr gehe ich mit feuchten Augen und wende mich anderen wichtigen Dingen des Lebens zu, das halt nicht nur aus Weihnachten besteht. Trotzdem allerseits ein fröhliches und ein wenig besinnliches Djodjodihöhh!

Heinrich Ludwig: Kopfschein

Eines Togs, vor Weihnachtn, hot si es Christkindla gsacht: »Desmol geh i auf der Erdn zu deni, die nimma an mich glam, obwohl i des net begreif ... die solln deitli merkn, dass i existier.«

Als erstes is 's zum Schorsch hitrabt, des wor a so a ungläubiger Thomas. Obwohl sei Haus versperrt wor, is es Christkindla doch neikomma. Des braucht in so an Fall bloß die Haustür berührn, dann knallt s' auf. Jedenfalls is 's aa scho glei im Hausflur gstandn und wie 's die Garderobe gseng hot, hot 's dacht: »Dem Schorsch, dem bescher i a besondere weihnachtliche Überraschung, dem häng i heit an neia Hut an den Garderobehokn, dann werd er si wundern, der Spitz.«

Und wergli, wie der Schorsch hamkomma is, hot er den naglneia Hut entdeckt und natürli net gwisst, wos er dazu song soll. Er hot den Hut vom Hokn ro, hot 'n hi- und herdreht und dann hot er drinna im Hut a Schildla gseng, auf dem is gstandn: »Hergestellt in der Christkindlaswerkstatt«.

»Christkindlaswerkstatt?«, hot er gmurmlt, »dass i net lach! Do hot si aner an Spaß mit mir erlaubt, denn des is doch a Witz. Oba i mecht bloß wissn, wie do aner in mei Haus neikommt, des is ganz sonderbar ... obwohl, an neia Hut ko i scho lang brauchn.«

Wos soll ma song? Der Schorsch hot nimma lang nochdacht über den Fall, er hot den neia Hut aufgsetzt und is no ins Gasthaus »Zum blauen Wunder«. Dort hot 's scho es Weihnachtsbier gern. Er hot den neia Hut an an Hokn highängt und hot si an den Tisch higsetzt, wo seine Freind ghockt sin.

Ja oba? Wos wor etz los? Alle hom s' ungläubi zu dem Schorsch higstarrt und die Köpf gschüttlt.

»Wos hobt ihr denn?«, hot er irritiert gfrogt.

»Ja, Mensch!«, hom s' gschria, »ma kos net glam, oba um den Kopf rum ringlt si a Heiligenschein! Wos is denn mit dir los?«

»Wos soll denn los sei mit mir?«, hot der Schorsch brummt, »i lass mi doch net vo eich foppn.« Dann hot er si oba doch vom Wirt an Spiegl gebn lassn und hot neigschaut.

»Mi haut's um«, hot er gschria, »um mein Kopf rum hot si wergli a Heilignschein brat gmacht!« Naa, des wor zuviel! Des wor ganz einfach unerhört! Zuerscht hom nan die Baa gwacklt und dann is 'n ganz blumig worn im Kopf drin und er hot si baaschwach highockt zu seine Freind. »Naa«, hot er gstöhnt, »des hältst im Kopf net aus.«

Die andern am Tisch worn ganz weg, des ko ma si denkn und der Wirt is aa komma und hot sein Gast inspiziert. Ja also, so wos hot die Welt no nie gseng ghabt – und des will fei wos haßn! Schließlich hot dann der Herr Lehrer Dax den neia Hut ogschaut und der Schorsch hot erklärt: »Der wor bei mir daham im Flur ghängt, den hob i mir net kafft ... und wos do drinsteht! Hergestellt in der Christkindlaswerkstatt.«

Etz is dem Lehrer Dax die Erleuchtung komma!

»Des is doch ganz einfach«, hot er gsacht, »der Hut is wergli aus der Christkindlaswerkstatt ... und wie 's halt so geht, der Petrus mit sein Heilignschein hot den Hut zur Probe aufgsetzt – und dem sei Heilignschein hot abgfärbt ... wer den Hut aufsetzt, is deshalb mit dem Schein umgem ... und des beweist doch, dass des Christkindla in deim Haus wor, Schorsch.«

Der Schorsch is nach dera Erläuterung doghockt wie ein Heimgesuchter und hot gmurmlt: »I ko 's fast net glam ... oba i muss 's glam ... es gibt kan Zweifl, a Christkindla gibt's doch, alle meine Zweifl sin verflong.«

Wie halt die Leit so sin, etz hom alle am Tisch, aa der Wirt, den Hut probiert, hom nan aufgsetzt und – net zum glam – etz hom die andern aa im Heilignschein glänzt. Aa der Lehrer Dax. Ja, so wos!

Und erst wie die neuen Schein-Heiligen hamkomma sin, zu ihren erstauntn Ehefrauen! Na, die worn überrascht! Wie noch nie im Lebn. Und noch mehr gstaunt hom s', wie ihre Männer die Sach erzählt hom vo dem Schorsch sein Hut! Oba des Wichtigste kommt erst. Die Ehefrauen hom nämli zu ihre vom Schein umkränztn Männer gsacht: »Also naa, so könnt ihr fei net an die Feiertoch ins Wirtshaus, wie schaut denn des aus? Mit 'n Heilignschein am Biertisch ...«

Noja, des hom die Männer mit ihrem Glanz eigseng ... oba schwer wor des scho, des Dahambleibn an die Feiertoch.

Des Christkindla freili hot des mit Wohlgefalln gseng.

Nach die Feiertoch is dann der Schein bei an jedn erloschn. Alle sind s' nach dera »Entziehungskur« wieda in die Arbeit. Bei dem Schorsch sein Hut hot si der Schein aa langsam verflüchtigt ... und bei ihm aa. Er hot noch oft nochdocht über den Fall, zumol seine Spezl zu ihm fortan gsacht hom: »der Heilige«.

Oba ans hot si bei ihm geändert ghabt, er hot wieda ans Christkindla glabt. Mit 'n Hut auf 'n Kopf noch ärcher.

SIEGLINDE OSTERMEIER: Kalenderadvent

»Duuu, Manfred, komm amoi schnej her! Schau doch, do ham mia jetz no wos frei!«

Wo wos warum frei is, brummd er, weil sie eahm beim Rasiern drausbrochd hod, und dass er sich jetz oziang muaß, wenns ned heid Omd wieda irgendwo ganz hint hocka woin, und sie soi des gscheida aa doa, anstood an Kalenda studiern, wo sie aso nia fertig wead und wo er se nacha ärgern muaß und ...

Sie unterbricht sei Lamentiern und erklärt eahm, dass des wichtig und dringend is und dass s do glei schaung miassdn und schnej entscheidn. Und weil er natürle bloß begriffsstutzig schaugd, erklärts eahm so geduidig, wia des hoid in dera Situation grod gehd, dass oiso

55

nämle jetz da nächste Samstog frei waar, weil doch de Weihnachtsfeier vom Tennisclub ausfoit. (Wo des aso a Schwachsinn waar, ausgrechnad an am Samstog a Vereinsweihnachtsfeier hoitn woin, do wo ma doch woandasd higeh mecht und sich de doch glei ausrechna häddn kena, dass do koa Musi und nix kriang.) Oiso dass sie doch jetz den freia Termin unbedingd ausnützn miassn, sogds eahm, und dass sie do doch amoi in so a richtigs staads Adventsinga geh kantn, do wo sie nia dazuakeman wega de ganzn Pflichttermine in dera Zeid.

Freile do wead ma sich des scho grod no raussuacha kena, so a Woch vorher, do wean sie scho nehma miassn, wos s kriang, und überhaupts waar er nacha eher für a klassischs Weihnachtskonzert.

Sie ned, hods ganz schnippisch gmoant, weil sie do nix zum Oziang häd, wo er doch woaß, dass sie aus oiß drausgwachsn is, und des neie Trachtngwand waar heier scho teier gnua, des wo sie mehra für so alpnländische Veranstaltungen kaffd hod und natürle für de vuin Weihnachtsfeiern. Sie hod a bissl beleidigd gschluckd, und er hod hoid nacha aa in den Veranstaltungskalenda in da Zeitung neigschaugd, damid ned glei wieda da Verdruss do is. Wia waarsn vielleicht mid da Vorderrieder Stubnmusi und de Hinterrieder Sänger im Kulturhaus, hod er vorgschlong.

Ah geh, de hean mia doch übermoing bei da Weihnachtsfeier vom Edlweißverein, hod sie drauf gmoant. Überhaupts, wenns scho a Samstag is, do kantn mia doch amoi auf Minga fahrn, schau nua grod, wos do oiß gebotn is.

Warum ned glei noch Bad Wiessee, de ham aa ganz bekannte Voiksmusikgruppn. Oda do schau, do spuin de Alpnzitherspieler, und da Fritz Gerhard liest de »Heilige Nacht« …

Oiso, de »Heilige Nacht« häddns heia scho zwoamoi ghead, auf da Weihnachtsfeier vo de Jennerwein-Schütz n, und beim Sportclub hods sogor oana auswendig vortrong, und bei unsera Betriebsfeier kons a no leicht sei, sogd sie.

Aba ned vo so am berühmtn Schauspieler, sogd er, und wos sie nacha eigentle wui, sogd er a kloans bissl lauter, und in Andechs daadns im Florian-Stadl des Weihnachtsoratorium vom Bach bringa, und des waar eahm aso vui liaba, und bloß weil ihra des Schwarze nimma passad, und na soi sie hoid weniga schlecka, und überhaupts waar des Ganze gor ned sei Idee …

Ja, und sie daad aa nix dafüa kena, dass ausgrechnad de Weihnachtsfeier vo seim Tennisverein ausfoid, sonsd häddns des Problem ja gor ned ghabd, und wo des wirkle da oanzige Dog im ganzn Advent waar, den wo s do jetz frei häddn und sie sich hoid so wos richtigs Besinnlichs vorgstejd häd. Ihr Stimm hod scho a bissl zittert.

Do kantns ja nacha glei in so a Adventsinga in a Kircha geh, wenns sie so bsonders besinnlich mecht, sogd er drauf, und des war natürle aa wieda verkehrt. Ob de vielleicht de bekanntn Gruppn im Programm häddn, de wo sie hean mecht, de kantn se des doch gor ned leistn, oda? Und für den Samstog häd sie hoid scho wos Bsonders woin. Hoid wos, wo oam so richtig auf Weihnachtn eistimma daad.

Ob soiche gfragdn Gruppn des no so rüwabringa, waar zum bezweifen, noch drei Dutznd besinnliche Auftritte, moant er, und sie wissad doch des vo ihra Freindin Sissi, de wo bei de Almdeandln singd und noch mindestns 39 adventliche Einsätz oiwei fix und fertig an Weihnachtn umanandahängd und koan Pieps mehr rausbringd und wo ihr Mo oi Johr sogd, dass s nägsds Johr weniga Termine onehma soi. Er nennd des Bethlehem-Marathon.

Ois ob des so einfach waar: weniga onehma, des gehd do oiß üba a Agentur oda so am Mänätscha, do kon ma ned so einfach naa song. Und dass de Sissi a scheens Gejd hoambringd, des sogd er ned, ihr Mo, moant sie, und de Männa kon mas doch nia recht macha ...

Drauf sogd er ... und dann sogd sie ... und ihr Stimm wead oiwei zittriger und sei Stimm wead oiwei kräftiger. Und auf amoi, wia s middn im scheensdn Streitn san, merkans, dass s scho hoibe achte is, und um siemea woitns doch eigentle losfahrn in des Weihnachtskonzert im Kultursaal, do wos scho seid Oktober de Kartn ham, wo aba leida koane Platzkartn san und sie jetz wahrscheinle ganz hint steh miassn und wo er scho befürcht, dass do bei eahm nimma de richtige Stimmung aufkema wead.

Er stehd nämle no oiwei in Strümpf und Unterhosn do und bloß hoibad rasiert und sie im Bademantl und woaß aa no gor ned, wos s oziang soi und is ned frisiert und nix.

Schließle bringd er sie na do so weid, dass s de Diskussion wega dem freia Samstogtermin verschiam und in da Pause weidaredn woin oda nodfois moing.

JOSEF FENDL: **Events in den vier Adventswochen**

I.

Also: am 1. Dezember bin i in unserer Volkshochschul in an T'ai-Chi-Ch'uan-Kurs gangen. Dös is ein System von Übungen der chinesischen Kampfkünste der sogenannten sanften Schule. Nicht Körperkraft und äußere Härte stehn da an erster Stelle, sondern langsam fließende harmonische Bewegungen unter dem Gesichtspunkt der Entspannung, kurz: ein Weg zur natürlichen Gesundheit und inneren Ausgeglichenheit. No ja, schadt ja net im Advent!

II.

Am 8. Dezember hab i nachher an Kurs in Qi Gong gmacht, dös is eine andere sanfte Methode zur Gesundung und Harmonisierung des ganzen Menschen. Regelmäßig praktiziert kräftigt sie den Körper, baut Stress ab und verbessert die Haltung. Sie hilft gegen Verdauungsstörungen und beugt Gelenks- und Atemwegserkrankungen vor. Mit seinen langsamen Bewegungen ist Qi Gong vor allem für ältere Menschen hervorragend geeignet – hat uns der Kursleiter erklärt. Gspannt bin i!

III.

Am 15. Dezember war i bei der Psycho-Kinesiologie. Dös is ein Dialog mit dem Unterbewussten, dös genau woaß, was wann wie und warum die Ursache für körperliche und seelische Krankheiten gwen is. Psycho-Kinesiologie is ebenfalls wieder a sanfte Methode, die ungelösten seelischen Konflikte aufzuspüren und ihre negativen Einflüsse auf Psyche, Organe und Körpergewicht zu lösen oder zumindest zu lindern. Schadt sicher aa net!

IV.

Am vierten Adventsonntag bin i nachher in an Rorate-Gottesdienst gangen. Dös halb-mysterische Dunkel und 's Betn habn mei aufgescheuchtes Gmüat enorm beruhigt, die Liturgie hat irgendwie Gemeinschaft entstehen lassen und der Chorgesang hat mein positives Denken befördert. Sogar der Weihrauch hat mi – trotz der neuesten Feinstaub-Diskussion net gstört, sondern die Meditation stimuliert, wia dö gscheitn Leut sagn. Und auf d Letzt – obst es glaubst oder net – bin i sogar no zum Beichtn gangen.

Dreimal derfst ratn, in welcher Adventswocha mir am wohlsten gwen is.

MARIA JELEN: Der Saudiebstahl

Es war bitterkalt. Scharf pfiff der Wind über die leeren Stoppelfelder. Der Hartlbauer stand am Kuchlfenster und starrte missgelaunt in den Hof hinaus. Es gab nicht mehr viel Vieh im Stall, denn es war Krieg, und die Bauern mussten alles abliefern, was nicht unbedingt zum Leben gebraucht wurde. Einige Kühe standen noch hinter dem Barren, die beiden Rösser scharrten noch in ihren Boxen, und außer dem Geflügel, das aus Hühnern, Gänsen und Enten bestand, gab es noch zwei Schweine, die sich in ihrem Koben wälzten. Das Vieh war genau gezählt und der Bauer konnte damit nicht machen, was er wollte. Er durfte es nur großziehen und mästen. War es schlachtreif, wurde es konfisziert. Die Soldaten an der Front hatten schließlich auch Hunger und mussten versorgt werden.

Das Glück des Hartlbauern bestand darin, dass er nicht einzurücken brauchte. Bei einem Unfall auf dem eigenen Hof hatte er ein Bein verloren. Er humpelte mit einer Prothese umher, und wenn er auch viele Arbeiten, die ihm früher leicht und wie selbstverständlich von der Hand gingen, nur noch mit allergrößter Mühe erledigen konnte, so war er doch froh, wenigstens daheim zu sein und überall nach dem Rechten sehen zu können.

Der Hartl hatte für sich, seine Bäuerin und die fünf kleinen Kinder, wenn auch nicht gerade im Überfluss, so doch genug zu essen. Aber die Not im Dorf war groß. Da gab es viele, die er in Friedenszeiten oft mit Nahrung versorgt hatte. Nun hatte er selber kaum ausreichend und musste mitansehen, wie die armen Fretter hungerten. Es tat ihm in der Seele weh, wenn er einen dieser armen Menschen, denen er bisher immer gern geholfen hatte, mit leeren Händen wegschicken musste. Sicher, die Soldaten an der Front brauchten zu essen. Aber die daheim sollten doch auch nicht verhungern! Da liefen auf seinem schönen Hof schnatternde Enten, gackernde Hühner und Gänse herum, und er durfte nicht eines dieser, seiner eigenen Tiere schlachten. Er musste mitansehen, wie sein Nachbar mit seinen Kindern und der kranken Frau hungerte, und durfte nicht helfen.

Es ging schon auf Weihnachten zu, und es wollte immer noch nicht schneien. Kurz vor den Feiertagen kam noch einmal der Kaminkehrer, um die Kamine des Hofes zu kehren und auszubrennen. Ihm fiel der Grant des sonst immer so heiteren Hartlbauern auf.

»Was ist denn dir über die Leber gelaufen?«, fragte er ihn rundheraus. »Jetzt kommt Weihnachten und du machst ein Gesicht, als ob du wüsstest, dass dir heuer das Christkindl nix bringen wird!«

Der Hartl meinte darauf, dass er gern auf ein Geschenk verzichten würde, wenn er dafür ein ganz klein wenig den Armen im Dorf helfen könnte. Das aber sei ihm verwehrt. »Zwoa fette Sauen hab i im Stall stehn, aber die Leut im Dorf müssen hungern, weil ich die Viecher ned schlachten derf!«, entrüstete sich der Hartl.

»Weil du dumm bist!«, sagte der Kaminkehrer. »Du brauchst dich ja bloß ned erwischen lassen!« Der Rat war zwar gut gemeint, aber der Hartl, der noch nie eine Lumperei begangen hatte, brachte es auch jetzt nicht fertig, gegen den Befehl der Obrigkeit zu handeln.

»Nein, nein, so was kann man ned machen, das wär ja eine Sünd!«, entgegnete er lau, weil er daran dachte, dass er selber schon mit dem Gedanken einer Schwarzschlachtung geliebäugelt hatte.

»Ich sag's ja, dass du dumm bist!«, brummte der Kaminkehrer, schupfte die mageren Schultern und ging seiner Wege.

Auch beim Pfarrer hatte der Kaminkehrer zu tun. Ihn fragte er nun nach der Schwere der Sünde im Falle einer Schwarzschlachtung. Niemand kannte die Not im Dorf so gut wie der geistliche Herr. Er wusste auch, dass im Falle einer Schlachtung auf dem Hartlhof die Armen des Dorfes immer profitiert hatten. Und so meinte er, da er den Kaminkehrer und seine Absicht längst durchschaut hatte, dass es keine Sünde sein könne, sein eigenes Schwein zu schlachten, wenn man es tue, um damit die Not der Menschen zu lindern.

Dem Kaminkehrer kam eine Idee, die er sogleich dem Herrn Pfarrer mitteilte: »Wie wär es, wenn wir dem Hartl seine Sau entführen täten?«, fragte er treuherzig. »Zu zwoat pack ma des scho!«

Der geistliche Herr schaute auf den Kaminkehrer und schwieg.

Der Kaminkehrer dachte nach, wie er den Pfarrer für seinen Plan gewinnen könnte. »Ja, wenn's die Soldaten kriagatn, dann waar's scho recht!«, sagte er schlau, und schaute mit leerem Blick traurig in eine ungewisse Ferne. »'s Lebn is ja so ungerecht!«

»Wieso, wer frisst denn de Sau dann?«, fragte der Pfarrer.

Der Kaminkehrer merkte, dass er auf dem richtigen Weg war. Der Pfarrer hatte angebissen! »Mei, de Offiziere mit eahnare Mätressen hoid. Sagn S' bloß, Sie wissen des ned. Des woaß do jeder, dass de weit hinter der Front in de scheenstn Villen hockan und den ganzen Kriag strategisch vom Schreibtisch aus führn. De lebn mit eahnare Flitscherl in Saus und Braus!«

Der Pfarrer hörte mit offenem Mund zu. Nicht für die Soldaten sollte die Sau sein, sondern für das sündige Leben der Offiziere und ihrer Mätressen! Das durfte nicht sein! Schließlich fragte er: »Und wer schlachtet s'?«

»Der Bene!«, flüsterte der Kaminkehrer, so als hätten sie die böse Tat schon begangen.

»Wann?« Ohne Umschweife ging der Pfarrer auf den Plan ein. Es war ja nicht um seinetwillen, sondern weil die Leute im Dorf wirklich arg unter dem Hunger litten.

Und so schlichen eines Nachts der Kaminkehrer, der Bene und der geistliche Herr auf den Hartlhof und entführten eine Sau. Lange hatte man überlegt, wie man es anstellen könnte, bis der Kaminkehrer die Idee hatte, die Sau auf einer Trage, auf der man sonst die Särge zum Friedhof trägt, zu befördern.

Es war stockdunkle Nacht und es schneite endlich, als die drei vom Hartlhof kamen. Sie hatten die Sau gleich im Stall abgestochen und trugen sie nun, zugedeckt mit einem schwarzen Tuch, durch die Dunkelheit. Aber wie es der Teufel will, kam ihnen just der Woferl-Peter in die Quere, der als besonders scharfer Aufpasser bekannt war.

Als der Woferl sie ansprach, fingen dem Kaminkehrer und dem Bene ganz schön die Knie zu schlottern an. Der Pfarrer aber antwortete auf die neugierige Frage des Woferl, wen sie denn da schleppen, eiskalt und ehrlich: »A Sau!«

»Soso«, lachte der Woferl und fühlte sich vom Pfarrer auf den Arm genommen. Denn es wäre ihm im Traum nicht eingefallen, dass ihm jemand auf die Nase binden würde, ein Verbrechen zu begehen.

»Und warum tragts ihr de?«, fragte er weiter.

Der Pfarrer war auch diesmal um eine Ausrede nicht verlegen: »Weil s' nimmer laufen kann, die arme Sau!«

»Hähähä!«, lachte der Woferl dämlich und der Kaminkehrer bekam wieder Mut. Er nickte zu den Worten des Pfarrers in die Dunkelheit hinein und meinte: »Aus lauter Christenpflicht tragn mir's.« Und der Bene ergänzte: »Weil s' gar aso bluatn duad!« Das Blut tropfte wirklich von der Bahre und es war bloß gut, dass es schneite und die drei Männer so taten, als ob sie auf den Hartlhof zu unterwegs wären.

So kam der Woferl am nächsten Tag gar nicht auf die Idee, nach Blutspuren zu suchen. Erstens, weil es geschneit hatte, und zweitens, weil er ganz genau zu wissen glaubte, dass die drei mit dem betrunkenen Kistlern-Simon – für den er die Sau hielt – nach Gernwies hinübergegangen waren. Dort hatten sie dem Saudieb sowieso nicht begegnen können, weil der Weg vor dem Hartlhof abzweigt. Und außerdem war ja der Pfarrer dabei gewesen, und dem traute er ein solches »Kriegsverbrechen« doch nicht zu.

»Jaja, der Simerl!«, hatte er zu den dreien gesagt, ehe er in der Dunkelheit der Nacht verschwand, um weiter seine finsteren Wege zu schleichen. Da kannten sich die drei aus. Und um jeden Verdacht zu verwischen, greinte der Kaminkehrer geistesgegenwärtig: »Wenn er bloß ned so saufen␣tät, der Simerl!« Und der Bene echote noch einmal: »Wenn s' no ned aso bluatn daad, de Sau!« Der Bene und der Kaminkehrer sind noch in derselbigen Nacht wirklich nach Gernwies hinüber und haben den Simerl einen riesigen Verband um den Kopf gewickelt, was dieser sich gern gefallen ließ, nachdem er das prächtige Stück Schweinerne gesehen hatte, das er dafür bekommen sollte. »Aber halt dei Mäu und lass den Verband vierzehn Tag um!«, befahl ihm der Kaminkehrer, und der Simerl versprach es.

Die gestohlene Sau hat man nie gefunden. Sie verschwand so schnell in den Mägen der hungrigen Menschen, dass nicht ein Stückchen mehr zu finden war, als der Hartl endlich das Verschwinden seiner Sau meldete und eine Kommission nach ihr zu suchen begann. Warum die nächtliche Begegnung des Woferl mit den drei Saudieben nicht ins Gespräch kam, lag daran, dass der Woferl genau wusste, dass man ihn aufs Kreuz gelegt hatte und aus Scham darüber schwieg. Was hätte er auch sagen sollen? Er konnte doch nicht gut melden, dass die drei ihm offen gesagt hatten, sie trügen eine Sau, die stark blutete. Sie hatten ihn mit Ehrlichkeit geschlagen, und er konnte nichts dagegen unternehmen, ohne sich zu blamieren. So schwieg er grimmig und wurde dafür auch belohnt. Denn eines Nachts rumorte es vor seiner Haustür, und als er hinaussah, hing da ein prächtiger Zenterling Schweinernes an seinem Türstock. Das war ein Festtagsbraten, wie ihn der Woferl und die Seinen seit Langem schon nicht mehr gehabt hatten!

Der größte Anteil am entführten Schwein wanderte allerdings auf unerklärliche Weise in die Speisekammer des Hartl. Wie es vor sich ging, wusste der Hartl nicht zu sagen, und seine Bäuerin schupfte nur immer wortlos mit den Achseln, wenn er sie fragte. Allzu vieles Fragen war sowieso ungesund, und so schwieg der Hartl und verzehrte guten Gewissens seinen Braten.

LEOPOLD KAMMERER: Eine denkwürdige Weihnachtsfeier

»Der Gebirgstrachtenerhaltungsverein Sunderpfunzen lädt ein zu seiner Weihnachtsfeier mit Christbaumversteigerung im Gasthaus Gramelwirt am Freitag, dem 18. Dezember, um 20 Uhr (Großer Saal).« So stand es auf dem Handzettel gedruckt, der allen Haushaltungen von Sunderpfunzen und Umgebung zugestellt wurde.

In manchem Haus hat man den Zettel achtlos weggeworfen. Die Bachmeierin notierte sich auf seiner unbedruckten Rückseite die Telefonnummer vom neuen Tierarzt, und die Schullerin gab den Wisch ihrem Dreijährigen, damit er seine Farbstifte drauf ausprobieren konnte.

Aber die Mehrzahl der Leute vom Ort las die Benachrichtigung mit Interesse, und die lokale Prominenz von Sunderpfunzen war entschlossen, dieses gesellschaftliche Ereignis durch eigene Anwesenheit zu bereichern.

»Da muaß i mi aa sehng lassen!«, sagte der Kreisrat Gschwendtner. – »Higeh muaß ma scho«, äußerte der Futtergroßhändler Grillhammer, »scho zwengs der Kundschaft!« – »Des bin ich dem Verein schuldig«, meinte der Hofer Bartl, »de braucha des bissl Einnahmen aus der Christbaamversteigerung!« – »Mirk dir den Tag!«, kommandierte der Preißlinger seiner Bäuerin »damit man ned vergessen!«

Beim Schuster entspann sich ein längerer Disput zwischen ihm und ihr, ob man denn da jedes Jahr hingehen müsst. Es kostete ja doch wieder a Geld.

Aber am 18. Dezember war der Saal beim Gramelwirt ganz voll. Die Holzsessel und die Bänk waren anfangs so kalt, dass die Weiberleut maulten. Aber der Gramelwirt hatte vorher seine Lebenserfahrung folgendermaßen erklärt: »Was??? Den Saal hoazen? – Wenn der voll is, den hoazen dann d' Leit selber! Da warts bis umara neine rum, wenn alle beianander hocken, wia des nachert wacherlwarm werd!«

Und recht hatte er!

Um halb neun hielt der Vorstand vom Trachtenerhaltungsverein seine kurze Ansprach von einer halben Stund.

»Im Namen des Gebirgstrachtenverhaltungsverein Sunderpfunzen bägrieße ich eich alle zu diesem Abend zur alljährigen Weihnachtsfeier. Ich bägrieße vor allen unseren Hochwürden Herrn Pfarrer Prielmair, der unter uns verweilt. Des Weiteren bägrieße ich unseren Landtagsabgeordneten Herrn Sudelhuber, der heute leider persönlich verhindert ist, wegen einer dringenden Verrichtung.

Mia bägrießen auch inseren Herrn Burgermoaster Schafwascher mitsamt seiner Frau.«

Aber jetzt flüstert ihm hinter vorgehaltener Hand der Gemeindeschreiber aufgeregt was aufs Podium. –

»Hoit-auf! Jetzt … dass i ned vergiss … und … aah … mit ganz besonderer Freide bägrießen mia den Herrn Besitzer vo der Kammgarnspinnerei ›Suhlke und Suhlke‹, den Herrn Suhlke selber, der uns mit seiner Spinnerei sähr viele Arbeitsplätze für Sunderpfunzen und Umgebung … aaah … oiso … und auch seine Frau Gattin … Des is uns eine große Ähre … – Was? .. Was wollts? … Ja freile kinnts de Kerzen am Baam ozünden – des hätts scho lang toa kenna, es Loamsiader!

Jessas, jetz habts mi drausbracht … wo war i denn? Bei de Loamsiader … ah so! … – Ja und ois letztes bägrieße ich noch die Gemeinderäte und ich danke unserer Blas… hoit! – Mei oh mei, heit vergiss i scho an jeden Dreck – ich bägrieße auch noch den Vorstand von unserem Veteranenverein Sunderpfunzen, unseren Sebastian Weilhofer – gell, bist ma halt ned bäs, Wastl, dass i di boid vogessen hätt, aber woaßt scho, es is ned alle Tag, dass i so a Red halten muaß und so vui Großkop… große Herrschaften bägrießen muaß … aah, ja zum Schluss oiso bedank i mi noch bei unserner Blaskapelle Sunderpfunzen und ihranem Leiter Anderl Blechinger, die wo sich auch heier wieder entschlossen haben, unsere Christbaumfeier mit musikalischen Klängen zu unterstreichen.«

– Des war a gredte Red! –

Weil der Vorstand endlich vom Podium herunterging, rauschte ein richtiger Beifall auf, in den hinein die Blaskapelle den Marsch »Alte Kameraden« intonierte. Mit einer raffinierten Überleitung spielten sie dann »Leise rieselt der Schnee«, und schon waren alle in der rechten Adventstimmung. Damit aber jeder auf den Zweck des Abends hingewiesen wurde – nämlich auf die vereinskassenfüllende Christbaumversteigerung –, deswegen hatte der erfahrene Versteigerer, der Zupf Loisl, darauf bestanden, dass die Blechmusi auch noch das traute Lied »O Tannenbaum, o Tannenbaum« hintanhing. So! –

Jetzt sprang der Zupf Alois, der gelegentlich auch als Hochzeitslader sein Talent bewies, auf das Podium und hielt seine mitreißende Versteigerung ab.

»Griaß eich alle … und habts es ja glesen und ghört, dass ma heit an Christbaam versteigern und dass der Gwinn vom Ganzen mithelfa soll, damit der Kassier vom Verein ned so an laaren Beitl hat. Jetz schaugts eich um, was oiß drohängt an dene Aast, und na deats ma schee mit! In ara Stund muaß des Glump weg sei, sunst war des der letzte Baam, den i für eich versteigert hab! Und auf gehts! – Fonsä! Fonsä, schutz ma des erste Zweigerl hera!«

Der Vereinskassier Alfons Künzl reichte ihm den untersten Ast, das heißt, das vordere Zweigerl davon.

»Ja, was ham ma denn da? … Einen viertelten Tannabaam mit am Flaschl Starkbier dro … und drei Lamettafäden. Des is guat und gern seine fünf Euro wert. Wer biat mehr?« »Sechse!« – »Sieme!« – Aber da is der Zupf Loisl aufgfahren wiar a Schachterlteife: »Ja, was isn mit eich los? Is eich as Mei zuagfroren? So koit is 's doch heit gar ned! Na warts, i werd eich scho zun Auftaun bringa, es boanige Gsellschaft!« – »Zehn Euro«, schrie da einer, und der Loisl schlug mit der flachen Hand auf sein Rednerpult und juchazte: »Des is a Wort! Zehn Euro! Bringts as eahm! – Und scho hab i des zwoate Astl zur Hand! Eine Hartwurscht hängt da dro und eine Christbaamkugel. Zehn Euro zum ersten!« – »Zwöife!« – »Dreizehne!« – Pariert der Loisl: »Ha, um des friss i s' ja selber!«

»Sechzehn!« – »Siebzehne!« –

Am Schluss ging die Wurst samt Zweig an den Lebensmittelhändler Ludwig Stopp. »Aha«, trumpfte dabei der Loisl auf, »der Stopp Lucke! De Wurscht hängst du dir in dein Laden und verkaafst as wieder um 25 Euro!« – Das gab nicht wenige Lacher.

»Derrr nächste Ast, derrrrselbe Gast«, schmetterte der Loisl in den Saal, und der Kassier Alfons kam schon fast nicht mehr mit dem Absäbeln und Zureichen der Äste nach.

»Da schaugts her! Ein Riesenast mit – ja varreck –, da hängt eine leibhafige Sektflaschen dro und ein buidsauberer Weihnachtsengel aus Goid- und Suiberpapier! Stopp, Lucke, den kriagst ned unter dreißig Euro – aber es waar was für dich, woaßt, der schlanke Engel is amoi was anders ois wia dei Zwoazentner-Wabn dahoam! … Was? Dreißge hast gsagt? … Schnecken! … Der Holzer biat fümfadreißge … Was hör i no? Achtadreißge? … Vierzge! Jawoi, für vierzig Euro zum letzten geht des ganze Gspui, Ast, Sektflaschen und Engel zum Martl nüber – der braucht den Engel, weil er de mehra Zeit bsuffa Auto fahrt! – Und derrr nächste Zweig! Ja zäfix, was hams ma denn da highängt? Was solln des sei? A Christstollen ebba? Der schaugt ja fast aus wiar a oids Kriegerdenkmal – da hat de Spenderin zvui Oberhitz ghabt! ... Ah sooo, a Glätzenbrot is des – jawoi, ein prima Glätzenbrot! Wer hat an starken Magen und legt Wert auf gsunde Verdauung? Zehn Euro de ganze Musi samt Zweig und Kirzen! Wer biat mehra? Fuchzehn ... achtzehn ... Zwanzig Euro zum letzten! So gfallts ma ... da, kriagst no an kloana Magenbitter dazua ... weil i di nächsts Jahr wieder brauch! – Und weiter gehts mim Salat in d' Stadt, hat der Bio-Gärtner gsagt und hat seine Brennnessel aufs Wagl gschmissen! – Der nächste Prachtast ... aah ... des is oaner für d' Weiberleit! Drei Tafen Schoklad hänga da dro und ein herziges Stoffpupperl. Zwanzig Euro zum ersten, fümfazwanzge ... wer mag des seim Kindl hoambringa? ... Dreißig Euro, koaner mehr? Dreißig Euro zum ... letzten! Wer war des? ... Ja, der Postler Fredi ... Mensch, du bist doch no oaschichtig?! No ja, jetzt hast amoi de Puppen, und de Kinder dazua, de machst dir selber! – Aufpasst jetzt! Da kimmt ein goidiges Zweigerl mit drei kunstvolle Strohstern und einer Flasche – ui – Spitzwegerichsaft – echt selber ogsetzter Spitzwegerichsaft! Zehn Euro zum ... zwöife ... vierzehn zum ersten, zum ... Wer sagt da zwanzig Euro? .... – Unser Herr Pfarrer! Der kriagtn für zwanzig Euro, damit er uns wieder seine Strafpredigten halten ko – ohne Huasten. Vergelt's Gott, Herr Pfarrer – der Huastensaft kimmt glei – da, langtsn eahm num!«

Und scho geht's weiter! Fonsä, reiß di zamm und den nächsten Ast vom Baam! Auweh, jetzt kummt was für de obern Zehntausend, für de Intelligenz – ein Buach! Hoit, was isn des für oans? Ein Roman von Friedrich Ani, da sag i glei dreißig Euro zum ersten ... fümfadreißge, achtadreißge ... vierzig Euro ... zum letzten! ... – Wer liestn den? ... Der Kofler Hausl ... du hast den gsteigert? Was? Für dei Kathi? Ja, des hab i mir glei denkt, dass du selber ned lesen konnst. Aber trotzdem ... des werd des Gscheiterste sei, was du deiner Oiden jemois hoambracht hast. Und wanns dir den Roman vorglesen hat, gell, nacha leicht man, weil de Büacher vom Friedrich Ani, de mag sogar i lesen! ... Aber da is scho der nächste Zweig. Geboten wird ... eine einmalige Schönheit, Weiberleit, horchts her und kraits eicherne letzten Groschen zamm! ... Ein Zweig werd eich geboten, mit einem Glätzenmanndl dro. Letzte Möglickeit für alle oiden Jungfrauen und junga Witfrauen, für zwanzig Euro! So billig kimmt koane mehr zu am Manndei – zu am folgsama Glätzenmanndl!«

Auf diese originelle Art versteigerte der Zupf Loisl in affenartiger Geschwindigkeit nicht nur den Christbaum astweise, sondern noch unzählige Sonderzweigerl und Äste nebst Geschenkerl, die vom Fonsä und seinen Helfern geschickt dazwischen hineingeschmuggelt wurden. Wenn man genau nachgerechnet hätte, waren es bestimmt drei Bäume, die der Loisl auf diese Weise meisterhaft anbrachte. Er tat es mit seinem gewetzten Mundwerk zum Gaudium aller Anwesenden. Bloß der langsame Lechner sagte zwischendurch zu seinem Nachbarn: »Oiso ... der ... Zupf Loisl ... wann der ... amoi stirbt ... ... nacha ... müassens ... sei ... Mai ... ... extra ... mit ... am ... Prügel ... derschlagen! ... Ha ... ha ... !«

Vorerst aber funktionierte dieses Mundwerk noch pausenlos. Der Zupf Loisl war gerade auf dem Höhepunkt des Abends angelangt. Er versteigerte den Christbaumspitz ... eine begehrte Trophäe. Dabei griff der Loisl natürlich nach den geldigsten Gästen.

Laut verkündete er in den vollen Saal hinaus: »So, jetzt stellt sa se raus, wer a Herz hat und a Geld – wer der Kini is in der Gmoa! I kimm zum Höhepunkt!

Der kimmt in Himme, wann er stirbt, der heit den Christbaamspitz erwirbt!« Leise setzte er hinzu: »'s Gedicht is vo mir, aber die Angabe erfolgt ohne Gewähr! Wia bei de Lottozahlen im Fernsehng!« Dann fügte er wieder in voller Lautstärke dazu: »Des is reine Ehrensache, lassts euch ned lumpen, es geht für einen guaten Zweck, und der Spitz bringt dem Spender vui Ehr, aber unter hundert Euro geht er ned her!

Hundert Euro zum ersten ... hundertfuchzig, ... zwoahundert, zwoahundertzwanzig, zwoahundertfuchzig ... dreihundert ... des lob i mir, glei werd ses zoagen, wer der Höchste is ... vierhundert Euro ... bravo, Herr Apotheker ... vierhundertundfuchzig ... koaner mehr? ... Fünfhundert! Bravo! Fünfhundert zum ersten ... zum zwoaten ... und zum ... letzten! Musi! Einen Tusch für unsern Herrn Suhlke, und der Spitz ghört eahm!«

Während die Musik einen Tusch losließ mit Pauken und Trompeten, trug der Loisl den obersten Teil vom Christbaum mit dem reichverzierten Spitz zu dem Tisch, wo die Suhlkes saßen, und überreichte ihn dem noblen Spender. Ein paar lustige Worte, die für die Allgemeinheit nicht hörbar waren, und schon raufte sich der Versteigerer mitsamt dem Gipfel in der Hand wieder zum Podium zurück.

»Hallo, liebe Leut! Der Herr Suhlke hat mir den Spitz zahlt und sofort wieder gespendet, damit man nomoi versteigern könna! Und so preise ich den Spitz nomoi o für einen noblen Menschen und Spender: Hundert Euro zum ersten, einhundertfuchzig – wer bietet mehr? ...«

Es wurde noch eine lebhafte Versteigerung!

Nicht weniger als zwölfmal verkaufte auf diese Art der Loisl den gleichen Christbaumspitz, der ihm dank seiner unwiderstehlichen Beredsamkeit immer wieder zurückgeschenkt wurde. Jeder der kurzzeitigen Besitzer wurde als Spender laut geehrt und von der Musi mit einem Tusch belohnt. Der Apotheker, der Hochegger, der größte Bauer der Gemeinde, der Kreisrat, der neue Tierarzt und jeder, der Ansehen und Vermögen hatte in Sunderpfunzen, alle rauften sich um die Ehre, wenigstens einmal Besitzer vom Spitz gewesen zu sein. Als zwölfter steigerte sogar der Herr Pfarrer die begehrte Trophäe. Er gab sie dann nicht mehr zurück, und das hatte seinen guten Grund.

Nachdem er mit dem Zupf Alois und mit den zwei Vorständen vom Trachtenverein die Köpfe zusammengesteckt hatte, betrat er das Podium und beendete den offiziellen Teil der Versteigerung. »Meine lieben Pfarrkinder, liebe Festversammlung!

Ich bin gebeten worden, zum Abschluss unserer schönen und sehr heiteren Feier ein paar Worte zu sprechen. Der Vorsitzende des Trachtenvereins lässt euch durch mich herzlich danken für euren zahlreichen Besuch und für die Spendierfreudigkeit bei der Versteigerung.

Der Zupf Alois hat das so meisterlich gemacht, dass ich ihm gerne seine nicht immer adventsgerechten Späße und Sprüch verzeihe – um so mehr, als die Sache einem sehr lobenswerten Zweck dienlich war. Aus dem gleichen guten Zweck heraus behalte ich auch jetzt den Christbaumspitz und schenke ihn nicht mehr zurück.

Die Versteigerung hat nämlich so viel mehr in die Vereinskasse gebracht als erwartet, dass sich der Vorstand soeben entschlossen hat, eintausend Euro für das Altenheim Sankt Josef zu spenden. Wir wollen damit den einsamen alten Menschen dort einen schönen Weihnachtsabend mit sinnvollen kleinen Geschenken in Absprache mit der Heimleitung gestalten, und ich werde den Spitz, der ja eigentlich ein selbständiges kleines Christbäumchen ist, dorthin mitnehmen. Zugleich werde ich den greisen Menschen dort die Grüße vom Trachtenverein und eigentlich von ganz Sunderpfunzen überbringen. Und euch allen wünsche ich jetzt eine gesegnete Weihnacht!«

Nach diesen vielbeklatschten, schönen Worten des Pfarrers spielte die Blaskapelle noch »O du fröhliche«, und die Feier löste sich in den geselligen Teil auf. Man unterhielt sich, trank oft schon die eingesteigerten Fläschchen mit Kirschgeist leer oder den Punsch, den der Wirt für diesen Abend extra gebraut hatte.

Als man schließlich gegen Mitternacht den schwerbeladenen Schreinergesellen Egginger hinaustrug, meinte der mit verklärten Augen: »Des war ... hicks ... des war die ... schönste Hochzeit ... auf der i jemois ... hicks ... mitgsunga hab!«

Lena Christ: Die Christbaumversteigerung

So war auch einmal eine Christbaumfeier der »Arbeitsscheuen« in unserm Lokal. Die Gäste saßen vergnügt beieinander, lauschten aufmerksam den Vorträgen, kauften Lose und waren alle eins, bis der Gipfel des Baumes zur Versteigerung kam. An diesem Gipfel hing ein Hering, eine Kindertrompete, ein Bündelchen Zigarren, eine Glaskugel, ein Lebkuchenherz, ein Wachsengel und ein einzelner roter Plüschpantoffel. Den andern hatte schon ein Bäckermeister gewonnen, da er an dem Zweige hing, dessen Nummer sein Los trug.

Alles steigerte mit leidenschaftlichem Eifer, und es währte nicht lange, da waren schon dreißig Mark für den Gipfel geboten. Nun ging's etwas langsamer; doch steigerte noch alles lebhaft mit, bis ein Metzgermeister rasch vierzig Mark bot und ihn ohne Einspruch zugeschlagen erhielt. Er zahlte und schenkte dann den Gipfel der Gesellschaft zur nochmaligen Versteigerung. Diesmal fiel er für einundzwanzig Mark einem Weinhändler zu. Auch der schenkte ihn wieder her, und nun kam der Hering samt Kindertrompete und Plüschpantoffel für die Summe von dreizehn Mark in die Hände meines Vaters, der gleichfalls zugunsten der Tischgesellschaft alles noch einmal versteigern ließ.

Jetzt fiel dem Bäckermeister plötzlich ein, dass zu dem einen Plüschpantoffel auch ein zweiter gehöre, und er steigerte nun eifrig mit. Aber da war ein junger Ehemann, ein Bräubursch, dem seine Gattin vor einer Woche den ersten Buben geschenkt hatte; der wollte die Trompete für seinen Stammhalter haben. Und nun begann ein hitziges Bieten:

»Drei Mark fuchzg!«, schrie der Bäcker.

»Vier Mark!«, der andere.

»Sechs Mark!«, scholl es wieder herüben, aber schon schrie der Ehemann: »Acht Mark! I werd dir's zoagn, du arme Bäckerseel!«

»Was hast g'sagt, du windiger Bräuknecht! Acht Mark fuchzg!«

»Neun Mark!«, erscholl da plötzlich aus dem Hintergrund die

Stimme des Kobelbauer Hias, eines Obermälzers, und rasch schrie der junge Ehemann: »Zehn Markl!«

Der Bäckermeister wischte sich den Schweiß von der Stirn, und seine Stimme klang heiser, als er schrie: »Zehn Mark fuchzg! Jatz ko mi der Hanswurscht scho bald ...« Aber er kam nicht zum Ausreden; denn: »Elf Mark fuchzg!« tönte es schon wieder aus dem Hintergrund und gleich darauf: »Zwölf Mark!« von dem Liebhaber der Trompete.

Nun vergaß der Bäcker vor Wut weiterzubieten und sprang auf, stürzte auf den Bräuburschen zu und packte ihn an der Gurgel: »Willst stad sei, du Bräuhengst, du verflixter! Jatz biat i, und kriagn muaß i 'hn aa, den Gipfl, sunst is g'feit, dös mirkst dir!«

Aber er war schon zu spät daran; denn während er sich mit dem andern stritt, freute sich der dritt': Der Kobelbauer Hias ersteigerte den Gipfel um dreizehn Mark und machte sich damit davon.

Der Bräubursch aber hatte den Bäcker mit solcher Macht zurückgeworfen, dass dieser rücklings in einen runden Tisch fiel und alle Krüge und Gläser umwarf. Die Frau des Laternanzünders Tiburtius Kiermeier hatte eben ein Kalbsgulasch vor sich stehen und wollte zu essen beginnen; da kam der Bäcker geflogen, und durch den großen Sturz geriet die Platte mit der Sauce ins Rutschen, und ehe die Frau Laternanzünder sich's versah, hatte sie das Gulasch samt der Brüh und den Kartoffeln im Schoß: »Jess' Maria! Mei guater Tuachrock!«, kreischte sie laut auf und stieß gleich darauf ihren Mann heftig in die Seite; denn der hatte so eifrig mit einem am andern Tisch sitzenden Schuhmacher, genannt der Revolutionsschuster, über Anarchismus und Sozialdemokratie debattiert, dass er von dem Streit und auch von dem Unglück seiner Gattin nichts bemerkt hatte. Nun aber sprang er auf, und als ihm diese kreischend und unter Tränen den Vorfall geschildert hatte, erhob er seinen Stuhl und schrie: »Nieder mit dem schwarzen Bäckerhund! Hauts'n nieder, den Zentrumshund! D' Sozialdemokratie soll lebn!«

In diesem Augenblick aber fielen ihm etliche in den Arm, drückten ihn wieder auf seinen Sitz und riefen: »Sei do g'scheit, Tiburtl!«, doch der war nun schon in der Hitze und schrie und schimpfte weiter. Die Streitenden aber waren inzwischen abermals aneinander geraten, und bald setzte es da und dort Hiebe ab. Nun sprangen etliche Rauflustige hinzu, und ehe man sich dessen versah, artete der Streit zu einer regelrechten Prügelei aus. Zu allem Unglück löschte ein Boshafter das Licht aus, indem er den Gasometer abstellte.

Der Vater rief: »Kathi, schnell reibn S's Gas auf!« Die Mutter schrie aus der Küche: »Kreuzsakerament! A Liacht brauch i!« Ich aber fasste meinen Hund am Halsband, er trug den Maulkorb, und stürmte mitten in den Knäuel: »Auseinander! Schleicher, fass an! Sakrament, auseinander, sag i! Wer si net niederhockt, is hi!«

In diesem Moment flammte wieder ein Licht auf, und während der Vater totenblass an einem Tisch lehnte, da er noch immer kränkelte und sich nicht aufregen durfte, teilte ich kräftige Püffe aus. Der Hund aber hatte die zwei Hauptschreier zu Boden geworfen, und sein zorniges Knurren verriet, dass er keinen Spaß trieb. Die beiden lagen blutend und voll Beulen da, der eine hielt noch einen Masskrughenkel, der Bäcker aber sein Stilett in Händen.

Die übrigen Raufbolde waren beim Dreinfahren des Hundes erschreckt zurückgewichen, und nachdem ich den Bäcker und den andern in die Höhe gezogen und beide zahlen geheißen, wies ich ihnen die Tür mit den Worten: »Marsch, schaugts, dass hoamkommts, ös Wildling!«

Bald war wieder Ruhe im Lokal; die Scherben wurden aufgeräumt, die Tische und Stühle gesäubert und der Frau Kiermeier vom Vorstand der Tischgesellschaft ein neues Kleid versprochen. Und als um vier Uhr morgens die letzten Gäste schwankend das Lokal verließen, versicherten sie einmütig mit stillvergnügtem Lächeln: »Schö war's, wunderschö!«

OSKAR MARIA GRAF: Das verpfuschte Theaterspielen

Alle Jahre, in der Zeit zwischen Weihnachten und Neujahr, hat es in unserer Pfarrei allerhand Christbaumfeiern gegeben. Die erste ist die vom Gesangverein gewesen, alsdann ist die vom Katholischen Burschenverein gekommen, hernach die von den christlichen Jungfrauen, und endlich die letzte ist für uns Kinder abgehalten worden. Da hat man immer ein Theaterstück aufgeführt. Selbstredend, der Gesangverein, der Burschenverein, die haben schon weltliche Stücke spielen dürfen, aber die Jungfrauen und wir Kinder, wir haben jedes Jahr was Biblisches und Religiöses aufführen müssen. Das war dem Pfarrer sein Ehrgeiz.

Ich weiß es noch gut, wie wir das dramatische Marienspiel »Verkündigung Mariens« aufgeführt haben. Da ist nämlich was vorgefallen, was mich lange sehr geärgert hat, weil es mir alle Leute und meine Schulkameraden immer vorgeschmissen haben. Ich habe dazumal nämlich den Erzengel Gabriel spielen müssen, der wo der Maria erscheint. Und die Maria, das war die Amschuster Genovev.

Also gut, ich renne hinter den wackligen Kulissen hervor, in die Kammer von der Maria, die wo grad gebetet hat und sage zu ihr, weil sie so erschrickt: »Maria, Frau des Joseph, erschrecke nicht! Mich schickt Gott selber! Du wirst ein Kind empfangen, und das sollst du Jesus heißen!«, und auffallend schön hat die Amschuster Genovev als Maria drauf geantwortet: »Wie ist das möglich …!?« Gleich einen Riss hat es ihr gegeben. Ich bin aber gar nicht drausgekommen in meiner Rolle, weil ich des ja gewusst habe, dass uns der Pfarrer gesagt hat, so muss es gespielt werden. »Wie ist das meeglich!?«, hat also Maria noch einmal gerufen, und gleich habe ich ihr als Erzengel auf das hin geantwortet: »Fürchte dich nicht, Maria, bei Gott ist kein Kind unmeeglich …!«

Auf das hin haben die ganzen Leute im Saal zu lachen angefangen, wenn es gleich sehr ernst gewesen ist. »Ding! Ding!«, hat der Pfarrer aus dem Souffleurkasten ewig gewispert, aber ich habe absolut nichts mehr verstanden und bin auf einmal, weil mich das saudumme Lachen von den Leuten irr gemacht hat, hinter die Kulissen gesaust und habe zu plärren angefangen wie am Messer. Da war natürlicherweise alles verpfuscht.

ANNEMARIE KÖLLERER: Der Erzengel Michael

»So, das hätten wir, Kinder, jetzt sind alle Rollen des Weihnachtsspiels besetzt. Pause!«, sagte Lehrer Hampel.

»Massl ghabt«, dachte Michi, ein elfjähriger Lausbub, und ihm fiel ein Zentnerstein vom Herzen. »Wenn i mi da vorn auf da Bühne histelln müaßert, naa, i daat koa oanzigs Wort rausbringa, oder … kannt glei sei aa, i kriagert an Lachkrampf«, flüsterte er seinem Nachbarn zu.

»Halt, Kinder … dageblieben!«, hielt der Lehrer seine Schüler zurück. »Ich brauche noch einen Buben für die Rolle des Erzengels Michael. Keine Angst, dieser Engel muss nur einige Minuten mucksmäuschenstill dastehen, als wäre er eine Statue. Wen nehm ich denn da?« Suchend blickte er die Buben der Reihe nach an. Der

Michi machte sich so klein wie möglich, schaute teilnahmslos auf seine Fußspitzen, als ginge ihn das Ganze nichts an.

»Hm ... den Erzengel Michael? Ja, Michi, du ... dein Namenspatron! Natürlich, du bekommst diese ehrenvolle Aufgabe! Und außerdem bist du der größte Zappelphilipp in der ganzen Klasse, da kannst du mal das Stillstehen üben«, meinte Lehrer Hampel und entließ die Kinder endlich in die langersehnte Pause.

»Pfui Deife! Minutenlang staad histelln, naa, des hoit i ned aus«, sinnierte der Bub. »Und überhaupt, i ois Erzengel, so was Lächerlichs, womöglich no mit Flügel. I schaam mi z'Tod. Und meine Fuaßballspezl erst, de lachan se ja kaputt, wenn de wos des erfahrn«, jammerte er jetzt laut vor sich hin.

Aber es half alles nichts. Seine Mutter nähte ihm ein prachtvolles Gewand. Einen blauen Spenzer mit goldenen Borten, ein glänzendes weißes Hemd mit passender Hose. »Aber Flügel mag i fei koane«, schimpfte Michi. »Geh Bua, a Engel ohne Flügl is wiara ... wiara Nikolaus ohne Bart«, belehrte ihn seine Oma. »Dafür kriagst a echtes Schwert, Michi, i hab oans irgendwo am Speicher drobn«, beruhigte ihn jetzt der Opa.

Das Engelskostüm war bald fertig, und als sich Michi damit im Spiegel sah, wurde ihm sonderbar zumute. Er sah so prächtig aus, dass er sich wie ein himmlischer Bote fühlte.

»Toi, toi, toi und ruhig Blut, Bub«, raunte ihn Lehrer Hampel vor seinem Auftritt leise zu und zeigte ihm seinen Platz auf der Bühne. »Hier, Michi, nimm noch die Kerze in die Hand, das macht sich bestimmt gut. Und still stehen ... denk daran, du bist eine Statue!«, betonte der Lehrer noch.

So stand Michi nun da, in der rechten Hand hielt er stolz das Flammenschwert des Erzengels Michael und in der linken Hand die brennende Kerze. Schon klingelte es dreimal, und der Vorhang schwebte leise nach oben. Krampfhaft versuchte der Bub, sich nicht zu bewegen. In Gedanken zählte er die Sekunden. Sein linker Arm wurde schwerer und schwerer. »... hundertsechsazwanzge, jetz konn i nimmer«, dachte Michi, und die Kerze schwankte verdächtig hin und her. Gleich darauf spürte er einen brennenden Schmerz auf seinem Handrücken und dann auf seinen nackten Zehen. Die Kerze fing an zu tropfen, und das heiße Wachs brannte wie Feuer.

»Auuu«, schrie er auf, sodass ihn die heilige Maria, die mitten auf der Bühne stand, erschrocken anschaute. »Pst ...« hörte der Bub

Lehrer Hampels Stimme. Michi biss die Zähne zusammen. Es war die Hölle. Doch ein Unglück kommt selten allein. Plötzlich kitzelte es ihn so kräftig in der Nase, dass er beim besten Willen ein Niesen nicht mehr unterdrücken konnte. Gerade als Lehrer Hampel die Worte: »Der Engel des Herrn sprach zu Maria ...« las, tönte es »Ha, ha, hatschi« vom Erzengel Michael her und die brennende Kerze erlosch.

Ein lautes Lachen und ein Klatschen der Zuschauer belohnte diese Extraeinlage. Der Michi fühlte sich die letzten Minuten seines Auftrittes tatsächlich wie im Himmel.

Lena Christ: Das Christkindl

Der Herr Benefiziat hat gesagt, dass es sehr schön wäre, wenn auf Weihnachten eine Feier gehalten würde.

Dann haben sie ein Theater aufgeführt, und man heißt es lebende Bilder. Da haben sie alles nachgemacht: wie das Christkind im Stall liegt auf dem Stroh; und die Maria war furchtbar fromm. Die Huberwirtsmarie hat sie gemacht.

Und der Isidor hat den Josef gemacht, und er hat immer gelacht, weil der Bachmaurerlenz so gewackelt hat beim Knien. Das war ein Hirt. Und der Benedikt vom Lehrer war auch ein Hirt, und der hat ein totes Lamm hinhalten müssen. Und die Wagnerlies hat einen Prolog gesagt, und war ein Engel.

Vom Schloss haben sie einen Esel geholt und eine Kalbin. Aber sie haben sie furchtbar festhalten müssen, und man hat bloß den Kopf gesehen. Und sie haben ein rotes Licht angezündet, das wo so stinkt; dann war alles rot.

Und es war furchtbar schön.

Bloß das Christkindl war nicht echt; die Lebzelterin hat es ihnen geliehen.

Meine Frau Bas hat auch eins, ein wächsernes. Das steht in der Künikammer auf dem Kommodkasten. In einem Glassturz. Aber man kann es ganz leicht heraustun. Und es hat keine Arme, weil es ein Wickelkind ist. Die Frau Bas hat es von der alten Maurerin zu ihrer Hochzeit gekriegt, und sie hat gesagt, es ist wunderbar.

Das haben wir hergenommen.

Ich war die Maria und ich habe der Großmutter ihren rotseidenen Schurz angehabt. Und der Schlosserflorian hat den Josef gemacht und hat dem Großvater seinen blauen Umhang angezogen. Und wir haben das Christkindl im Stall in den Futterbarren gelegt und haben uns hingekniet.

Die Wagnergretl hat sich in eine weiße Bettdecke eingewickelt und den Flederwisch in die Hand genommen und hat gesagt: »Friede sei mit eich! Ich komm zu eich hereingedreden, hab wohl nicht um Verlaub gebeden; ich glaub, ich bin eich wohlbekannt, vom hohen Himmel bin ich gesandt!« Dabei hat sie mit dem Flederwisch herumgefuchtelt und ist ganz nahe an den Barren hin.

Aber da hat auf einmal der Ochs, der Blassl, das Christkindl bei seinem goldenen Filigrankleidl erwischt und hat es ein paarmal fest herumgeschüttelt. Dann hat es gekracht, und der Kopf war auseinander.

Da hab ich dem Engel seinen Flederwisch gepackt und bin auf den Blassl los. Aber es war doch schon hin.

Der Großvater hat den Kopf vom Christkindl wieder zusammengeleimt. Aber die Frau Bas hat doch furchtbar geschimpft und hat gesagt, dass ich ein gottloser Lausfratz bin, und dass es jetzt nicht mehr wunderbar ist.

Astrid Schäfer: Engel gibt's!

Im Fotoalbum der Hackenschmids gibt es ein Bild von einem Mädchen in einem herrlichen Engelsgewand, das mit hochroten Backen und zusammengekniffenen Augen wütend in die Kamera starrt. Jedes Jahr, wenn die erwachsene Tochter der Hackenschmids zum Weihnachtsbesuch bei ihren Eltern weilt, präsentiert die Mama ihrer Angelika dieses Bild. Mit einem leichten Seufzer tut die junge Frau dann der Mama den Gefallen und schreitet mit ausgebreiteten Armen und andächtig gen Himmel (oder besser gesagt: die Zimmerdecke) gewendeten Augen auf ihre Eltern zu. Dabei säuselt sie: »Fürchtet euch nicht ...«, um dann unvermittelt in die Knie zu gehen und zu rufen: »... Kruzefümferl, der Bluatshodern, der greißliche ...!« Der Papa quittiert diese Darbietung dann mit einem beifälligen »Bravo, Deandl« und heftigem Applaus und auch die Mama muss schmunzeln.

Hm, denkt sich der verehrte Leser jetzt vermutlich, was ist das denn für ein merkwürdiger Auftritt? Was hat dieses seltsame Gebaren mit Weihnachten zu tun?

Nun, drehen wir das Rad der Zeit um ein paar Weihnachtsfeste zurück.

Damals war Angelika als Verkündigungsengel im Schul-Hirtenspiel eingesprungen. Die eigentliche Darstellerin hatte sich kurz vor der Aufführung eine saubere Angina eingefangen, und einen wie ein Rabe krächzenden Engel wollte der Lehrer Gratzel, der das Schultheater auf die Beine gestellt hatte, nicht leiden. Die Angelika mit ihren langen rotblonden Locken und der glockenreinen Stimme schien ihm ein passender Ersatz für die heisere Erika zu sein. Zeit für eine Generalprobe war zwar nicht mehr, aber die Angelika hatte sich beim Gedichte-Auswendiglernen immer recht passabel angestellt. Es würde schon gehen! Notfalls sollten doch das prächtige Engelsgewand und der Stirnreif mit dem funkelnden Goldpapierstern von kleinen Textunsicherheiten ablenken. Ach ja, der gute Mann hatte keine Ahnung! Ihm war völlig entgangen, dass sein neuer Verkündigungsengel einen halben Kopf kleiner war als der alte – für den das Gewand geschneidert worden war.

Ahnt schon jemand, was dann passierte?

Nun: Am Tag der Aufführung war die Aula gesteckt voll mit Müttern und Vätern, Tanten und Onkeln, Omas und Opas, die sich alle von dem schönen Hirtenspiel auf das Weihnachtsfest einstimmen lassen wollten. Der Schulchor hatte mit seinen Jubelgesängen schon die Ouvertüre für das Drama abgeliefert, und nun lagerten sich die Hirten auf der Bühne malerisch um ihr künstliches Feuer. Auftritt des Erzengels! Mit gefalteten Händen nähert er sich den Hirten, breitet segnend die Arme aus und hebt an zu verkünden: »Fürchtet euch nicht ...« Dabei schreitet er weiter auf die Hirten zu ... tritt auf den Saum des allzu langen Gewandes ... kommt ins Stolpern ... und fällt vor den Hirten streckterlängs auf den Bauch. Dabei entfährt dem heiligen Wesen ein saftiger bairischer Fluch, den wir hier nicht wiederholen wollen! Die kleinen Hirten schauen darob genauso verschreckt drein, wie vor zweitausend Jahren die Hirten auf dem Felde. Aber nach ein paar Schrecksekunden sammelt sich der Oberhirte, erfasst die Komik der Situation und fängt nach ein paar heftigen Schnaufern zu kichern an. Und was wirkt ansteckender als so was? Nix! Ein paar Augenblicke später jappst die Aula bis zur letzten Reihe hilflos vor sich hin und die ganze Andacht ist perdue. Zwischenzeitlich hat sich Angelika wieder aufgerappelt, aber in der Aufregung hat sie ihren Text vollständig vergessen. Lehrer Gratzel, der direkt vor der Bühne sitzt, will ihr zwar einsagen, aber er bringt vor lauter Lachen nur unverständliches Zeug hervor. Kurz entschlossen segnet der Himmelsbote stumm, aber würdevoll die armen Hirten, die nun leider in Unwissenheit, wovor sie keine Furcht zu haben brauchen, verharren müssen. Dann macht der Engel auf dem Absatz kehrt, rafft das unselige Gewand hoch und verlässt unter Zurschaustellung von roten Wollstrumpfhosenwadln und Haferlschuhen den Ort des Geschehens. Als sich das Publikum und die auf der Bühne verbliebenen Darsteller wieder beruhigt haben, machen sich die Hirten ganz ohne Verkündigung auf, den Stall und das Kind zu suchen und es anzubeten. Es wurde alles noch sehr rührend, obwohl der eine oder andere Zuschauer im Anschluss doch meinte, am schönsten sei der gefallene Engel gewesen.

Jutta Makowsky: Ein Engel im U-Bahn-Bereich

Tante Mariechen ist einem Engel begegnet. Sie bringt das mit der Heiligen Nacht in Verbindung, obwohl es am helllichten Tage geschah, zur Stoßzeit, im U-Bahnhof Marienplatz. Engel, meint sie, flögen nämlich nicht nur mit goldenen Flügeln zur Weihnachtszeit herum, sondern verkleideten sich manchmal auch ganz prosaisch.

Wie viele hat auch Tante Mariechen vor den Feiertagen noch mal zur Bank gemusst. Außerdem waren Geschenke zu besorgen, der Kühlschrank war zu füllen – Stress eben. Und dann fuhr ihr die U 3 auch noch vor der Nase weg. Sie setzte sich also mit Einkaufstasche plus Handtasche erschöpft auf eine Bank und wäre um ein Haar eingedöst, als die nächste U-Bahn einfuhr. Gerade noch konnte sie sich mit der schweren Einkaufstasche hineinzwängen. Knapp hinter ihr ging die Tür zu. Und da – o Schreck! – merkte sie es: Die Handtasche ist weg!

U-Bahn-Türen gehen, wie jeder weiß, wenn sie einmal zu sind, nicht mehr auf. Da hilft kein Geschrei, keine Verzweiflung. In Tante Mariechens Handtasche waren dreihundert Euro, die Scheckkarte, der Personalausweis, der Rentnerausweis, die Hausschlüssel, das Notizbuch mit Adressen – kurz, ihre gesammelte Daseinsberechtigung. Das alles würde der unehrliche Finder wegschmeißen und nur die dreihundert Euro behalten. Ach, wie konnte sie nur so dämlich sein!

Fast überzeugt von der Sinnlosigkeit ihres Tuns stieg sie dennoch am Odeonsplatz wieder aus und fuhr mit der nächsten Linie zurück, rannte verstört durchs Gedränge, fand endlich die Bank, auf der sie vorher gesessen hatte – und da, da saß der Engel. Er trug ein buntes Kopftuch, war ziemlich korpulent und hielt Tante Mariechens Handtasche an den stattlichen Busen gedrückt. »Habe ich mir gedacht, dass Sie wiederkommen«, sprach das himmlische Wesen in fast akzentfreiem Deutsch und lachte mit vielen Fältchen in seinem Engelsgesicht. Engel wollen auch keinen Finderlohn. Tante Mariechen musste ihm den Zwanzigeuroschein förmlich aufdrängen.

Seit Tagen nun strahlt Tante Mariechen wie ein Engel, wenn sie die Geschichte erzählt. Wunderbarerweise ist nämlich auch ihr Rheuma verschwunden. Das hat bestimmt die himmlische Kopftuchträgerin mitgenommen.

Josef Fendl: Ochs und Esel

Der Frater Eusebius, der Einsiedel vom Heilbrünnl, ist ein alter Bitzler und Bastler, der sicher einen ausgezeichneten Schreiner abgegeben hätte, wenn der Herrgott nicht just zu dieser Zeit einen tüchtigen Eremiten gebraucht hätte. Immer wenn es gegen Weihnachten zuging, kam die große Zeit des Frater Eusebius. Die Krippe, die er jedes Jahr in seiner Wallfahrtskirche aufstellte, suchte ihresgleichen im ganzen Landkreis und bildete einen Anziehungspunkt für Groß und Klein. Weil heuer an den Feiertagen – sehr zum Leidwesen der Kinder – noch kein Schnee liegt, hat sich auch die alte Ittlingerin von Neßlbach zu einer Wallfahrt zum Heilbrünnl aufgemacht, um sich wieder einmal dieses »fünfte Evangelium« (die Krippe) anzusehen. »Man weiß ja nicht«, sagte sie, »wie lange das noch geht.« Und außerdem lässt sich der Frater Eusebius jedes Jahr etwas Neues einfallen. So zum Beispiel hat er heuer zu den übrigen Figuren noch ein paar Häuslleut dazugestellt: einen alten Mann, der Holz hackt, und ein junges Weib, das Stutzbürden (Reisigbündel) haut.

Als die Ittlingerin nach einer guten Stunde die Wallfahrtskirche verlässt, auf wundersame Weise getröstet vom gütigen Blick des Jesuskindes in der Krippe, sitzen zwei Halbstarke auf der Bank vor der Kapelle.

»Du, i hab gar net gwusst«, sagt der ältere der beiden lautstark zu seinem Begleiter, »dass die altn Weiber aa no so gern dös Kinderspielzeug anschaun ...«

»Is nachher no alles drin in deiner Scheißkrippn?«, fragt dann der Jüngere die alte Bäuerin.

»Eigentlich schon«, sagt die Ittlingerin kuraschiert, »bis auf Ochs und Esl, die laufn heraußt umanand, hat der heilige Josef gsagt, die san eahm heut Nacht auskemma ...!«

ROBERT NAEGELE: Dr Kripplesberg

Mei Großvater isch a Küafer gwea. I hau eahm gera gmögt, und er mi au. Trotz deaner gegaseitiga Liab isch mir in Erinnerung blieba, dass dr guat Ma an dr schwäbische Kranket glitta hat, er isch nämlich ziemlich knicket gwea. Mei Großmuatter hat gwiss mit em Zuig sparsam umgauh könna, aber von Meahl und Wasser wuchalang kocha, dös Wunder isch 'r manchmal arg schwer gfalla. Und es hat öfters Träna gkoscht, bis dr Großvater mit a paar Märkle rausgruckt ischt. Was meiner Großmuatter bsonders weahdoa hat, ischt gwea, dass ihra Johannes mit sich selber großzügig umganga ischt, auf sei Mauß Bier hat 'r koin Ta verzichtet.

Als Bua bin i viel en seiner Werkstatt ghocket. 's Häusala mit Hobelspä, Schindala und Brettla hat meine schualfreie Nametäg ausgfüllt. Ens viert oder feift Schualjauhr bi i ganga, wia i da Großvater bettlet hau, er soll mir helfa, en Kripplesberg z'baua. Er hat da Pla drzua gmacht, i hau Baumrinda und Moos aus'm Wald gholet, und so isch en de Wucha voar Weihnächta in »Gemeinschaftsarbet« en seiner Werkstatt a Kripplesberg entstanda. Neaber em Stall hau i mir en kleina Weiher einbildt.

Auf dean Sonderwunsch ischt dr Großvater eiganga. »Woischt, Bua, dean Weiher leget mir mit Stanniolpapier aus, dau meinet d' Leut, dös wär a silbres Wasser«, hat 'r gsait. Bei meine Freind ischt dia Weiher-Alag aber mit Spiagelglas ausglegt gwea, und a Stanniolpapier von ra Schokladtafel isch mir für dean fromma Zweck oifach billeg vorkomma. Aber dr Großvater isch drauf bstanda und hat so a Silberpapier au no als Bächle, dös vom Berg ra fliaßt, auf d' Rinda gleimet.

Ein Ta voar em Heiliga Aubad hau i mei Werk in da easchta Stock (dr Großvater und d' Großmuatter hant parterr gwohnt) zu meine Eltra tra, und d' Muatter hat mi gstreichlet und gsait: »Aber dau wead se 's Chrischtkindle freia, und weil so brav gwea bischt, bringt's ganz gwiss no de Heilige Drei Köneg!« 's Jesule, d' Muattergottes und da heilige Josef, da Ochs und da Esel hau i scha ghet, und au Schäfla mit Lämmla und zwei Entla, für dia i ja dean Weiher aglegt hau. Aber auf deam Stanniolpapier hant dia Entla nix gleichgseha; i hau mir oifach en Spiagel eibildt – und i hau aa en Spiagel gfunda, dös hoißt, a bissle gnauer gsait: i hau en aus Großvaters Rasierkischtle rausgnomma. Nachdeam i 's Rähmle weggmacht ghet hau, hat 'r genau en dia Fläche neipasst. Als Ufer von deam Spiagelweiher send von mir Baumrinda gnaglet wora.

A schöner, froher Heiliga Abend isch es wora. D' Kender aus dr Nauchbarschaft hant mei Kripple bewundret, und dr Vater hat gmoint: »Du kascht a mal a Küafer wera!« – Später, kurz voar dr Mitternachtsmett ischt d' Großmuatter und dr Großvater komma. D' Großmuatter hat von eis als Chrischtkendle en Kloiderstoff kraigt, dr Großvater a Schachtel Zigar. – »Ja, mei Chrischtkendle ...«, hat dr Großvater verleaga romgstottret, »ischt dr Kripplesberg, gell Bua!« – Und wia 'r nau ens Kripple neigucket hat, sait 'r plötzlich: »Dau isch 'r ja, mei Rasierspiagel, i suach en stundalang, guck, Anna! Ja, der Siach, der nixeg, hat eahn als Weiher ens Kripple neignaglet!« – »Dau bleibt 'r au!«, hat eahm d' Großmuatter zur Antwort gea. »Du kascht dein Bilmes über dia Feitäg zum Rasiera ens Kripple neihenka, deine graue Bartstoppla send als Hei für Ochs und Esel grad recht. Mehr schenkst du em Christkendle ja doch it!«

Eiser Weihnachtsfreid isch mit Großmuatters Tadel a bissle ens Stocka gkomma. Aber, ob ihr's glaubt oder it, mei Großvater hat em Jauhr drauf meiner Großmuatter zum Chrischtkendle en Zehamarkschei gschenkt.

GERHARD WINKLER: ## Die Schlacht von Bethlehem

Feichting – ihr werds es kaam kenna, is a ganza kloane Gmoa im Oberland, a paar Häuser, a Schui, a Kircherl, koa Kino, koa Supermarkt, also kaam der Red wert.

Und trotzdem waar des Feichting beinahe weltberühmt wordn. Da hats nämli immer gegns End vom Jahr zua a kloane Sensation gebn. Des war *des Kripperl vo Feichting*. Nur zweng dem Kripperl hat ma vo Feichting gred't. Denn der Ort liegt abseits vo da großn Straßn ins Österreichische nüber, aber der Weinberger hat scho dafür gsorgt, dass ma's net übersiecht. Der Weinberger, des is da oanzige Geldige in der Gmoa, hat mit Troad ghandelt, hoaßts, mit Grundstück und aa mit Schmuggelwar – aber des geht uns nix o.

Und der hat an Buam ghabt, an ganz an verzognen Fratzn, sein Siegfried. Der hat alles tuan derfn, was er hat mögn, und mögn hat der scho alles, mit was ma si protzen ko'.

Alle Jahr um an Advent rum hat er sei Super-Kripperl aufgstellt. Den halberten Salon hat er dafür braucht. Aber des war net die Gschicht vom arma Jesulein auf da Flucht im zerfallna Stall – ui naa, da war alles golden und silbern, de Engel warn aus Porzellan, die Maria hat a königlichs Gwand oghabt und der Josef war grad a Herzog oder mehra. Der »Stall« war a halberts Gschloss, alles draxelt und aus Marmor, mit Teppich und Vorhäng. Und überall waren versteckte Liachta, gelbe und blaue.

Die drei König ham grad so blitzt und glanzt und ham a Gefolge ghabt wia de Völkerwanderung. Und wenns Werkl eingschalt war, dann ham si alle Hirten verneigt und de Engel ham »Hosianna« gsunga und ham de Harfen zupft. Mechstas net glabn.

Aber des ghört net daher.

Tatsach is, dass der Weinberger gar net beliebt war und sei protzeter Buwi, da Siegfried, scho gar net. De zwoa hat des net bekümmert. De ham recht Reklame gmacht fürs »Feichtinger Kripperl«, und san a tatsächlich Leut vo weit herkema. Weil, da war was zum sehgn, was's auf der ganzen Welt nimmer gibt: In dem Kripperl vom Siegfried san nämli *glei zwoa Christkindl* gsessen, so als ob d' Muatta Maria Zwilling ghabt hätt! »Mia könn ma uns dees leisten«, hat da Weinberger gsagt. »De Fretter ham bloß oa Kindl, mei Siegfried hat zwoa!«

Aber vo dem wollt i gar net redn.

De Feichtinger hat er scho arg gstunka und am meisten dem Flori. War a frischer Bua, der Flori, in da Schui oana vo de Besten und a guata Kamerad zu seine Spezi.

Geld hat er koans ghabt, aber des hatn net druckt. Seine Eltern warn vor a drei Jahr gstorbn, und so is a bei ar entfernten Tant unterkema, der Bruggerzenz. Sie hat eahm nix befohln und nix verboten, aber sie hat vui Freud mit eahm ghabt. De kloa Veverl, a Enkelkind, war aa no in dera armen Keischn, für d' Schui war s' no z' kloa – aber des ghört net daher.

Um dieseller Zeit denkt si da Flori: »A Kripperl ko a jeder habn, muaß ja net so a Zirkus sei wia beim Siegfried drobn.« Schaugt er halt. An Josef und a Maria hat er bei der Tant gfunden. Esel war koana da,

81

aber zwoa hölzerne Küah. »Macht nix«, sagt da Flori, »des is da Ochs und der Esel!« Hat no die Hauptsach gfehlt, ein Jesuskind. Des hat er sich aus oana Wachskerzen gschnitzt, und 's war glei zum Kenna!

Mit'm Stall war's scho schwieriger, aber da hat er si wieder z' helfen gwusst. Hat er ganz oafach dem Veverl sei vergessene Puppenküch ausgramt und hat des Zimmer über die heilige Familie gstülpt, obn a Baamrinden draufglegt, und der Stall war firti.

Des hat seine Spezln sakrisch guat gfalln. Und so hams alle weiterbaut an dem arma Kripperl. Stoana und Moos gibts ja gnua in dera Gegend. So hams hinterm Stall eine Anhöhe hinbaut und Moos draufglegt und a paar Wacholderbaam neigsteckt. Vor der Krippn hams a kloans Kerzl ozündt. Jetzt war's scho recht stimmungsvoll.

Aber da is an jedem no was Schöns eingfalln, was no dazua ghörat: »Engel sollt ma halt ham«, sagt da Girgl vom Schullehrer, »i glaab, i woaß was« und is furtglaffa. Kummt nach einiger Zeit mit seine Kasperlfigurn wieder. Hams a Schnur gspannt vo da Tür bis zum Fenster und ham de Figurn an Schnürln aufghängt: an König, an Sepperl und den Schutzmann mitananda, auf der andern Seiten den Kasperl, den Teifi und die Hex. Und alloanigs in da Mittn die Gretel als »Fürchtet-euch-nicht«-Engel. Bloß des Krokodil hams weglassen. Des hätt net recht passt. Aber des ghört net daher.

Jetzt hats scho arg echt hergschaugt – bloß – was s' halt gar so gern dabei ghabt hättn, des waar a Musi gwen. Wo nimmst jetzt a Musi her? D' Urschl vom Zuckerbäcker hat an Rat gwusst. Bringt s' doch an Brocken daher, net größer wia zwoa Maurerloawi, hat ausgschaugt wiera Glockn. Wennst am Schnürl zogn hast, dann hats wia mit Glöckerl gspuit: »… aber heit is koit, aber heit is koit …« Des hat so guat passt, dass ma hätt moana könna, dass as Christkindl friert.

Des Schönste is net des »Habn«, sondern des »Kriagn«. Drum hams weiterbaut, und jeder hat was gwusst. »Hirten hamma koane, König hamma aa net und Lamperl scho gar net!«

Schaugt halt a jeder, was er dahoam findt. Wenigstens sowas ähnliches.

Und richti sans am späten Namittag wieder zamkemma mit Kisten und Schachteln, mit Säck und Tüten. Und dann hams beraten. »Drei König hab i koa gfunden«, sagt da Hansl vo da Müih, »aber meine Bleisoldaten hab i mitbracht. Da is da alte Fritz dabei und da Hindenburg und a etla Ritter, de san grad so guat wia de Drei König.« Jetzt hams de ganzen Bleisoldaten aufgstellt, Kürassier, Ritter, Cowboys und Sanitäter. Des hat glei was hergschaugt mit de Fahna, Lasso und Kanona, Schaf warn weit und breit net zum finden. De hättn aber dazuaghört! Jetzt hams halt alle anderen Viecher dahergschleppt, de s' gfunden ham, große und kloane. Des hat a schöne Herdn gebn: d' Micky Maus war dabei, Felix der Kater, der Goofy, Tiger, Affen, a Teddybär, Anten, a Frosch und a Fisch. Des warn halt die Lämmer.

Auf der andern Seiten vom Kripperl hams die »Hirten« aufgstellt. Des warn dem Peterl seine Indianer. Net aus Blei und a bissl größer wia da Hindenburg, aber so wichtig is dees ja net. Zwoa Gfangene hams aa scho ghabt, des war der Asterix und der Wendelin. Und wia halt de Buam aso san, sans langsam aus der Anbetung in' schönsten Kampf einikema. Da Winnetou schleicht si hoamli zwischen de zwoa Küah, des hoaßt zwischen den Ochs und den Esel, und da siecht er, wia da Friedrich der Große zur Maria hinreit. »Uff«, sagt der Winnetou, »Dieses Bleichgesicht wird an unserem Marterpfahle braten! Hugh!« – Die Indianer san hinterm Kripperl vürikrochen. Aber der Ritter Lohengrin hat des gspannt und sagt zum alten Fritz: »Herr Kaiser, da hinterm Josef lurrt da Winnetou!« »I habn scho dalinst«, sagt der alte Fritz und gibt seine Befehle: »Mir macha jetzta an Scheinangriff auf da linken Seiten. Lassts zerst die Kanona schiaßn. De ganze Reiterei verziagt si hoamli nach rechts, und wenn i pfeif, nacha falls dene Komantschen in den Rücken. Auf geht's!« Der Hansl schiabt seine bleiernen Reiter übers Moos auf den Stoanhügel und versteckts hinterm Wacholder.

Dem Peterl seine Indianer aber hams auf de blaue Grenadier abgsehn ghabt. Scho spannt Kleinadlerauge sein Bogen, da schreit da Wendelin am Marterpfahl: »Vorsicht, alter Fritz, da schiaßt oana!« Der ziagt sein Degen und wehrt den Tomahawk vom Lederstrumpf ab, steckt zwoa Finga ins Mäu und pfeift. Jetzt ham alle Indianer, der Rainer, der Hias und der Peterl eahnan gellenden Kriegsruf ausgstessen, und die andern drei mit da »Kavallerie« ham Hurra gschrian und san mit die Pferdl auf die Indianer los. Der Panzer is langsam losgfahrn und oben drüber is da Old Shatterhand mitm Hubschrauber zwischen de Kasperlfiguren – na, zwischen de Erzengel umanandgfahrn.

Also – für a Weihnachtskrippn war des scho a ganz sauberer Krach.

Und mittennei hörns auf amal ein unbandigs Gelächter, und wia s' schaugn, steht da der Herr Pfarrer in der Tür und lacht, dass eahm die Träna runterglaufen san. Und neben eahm die Bruggerzenz. Und de hat aa glacht.

Jetzt ham de Buam natürli mitm Kriag aufghört und san höflich aufgstanden. Da geht a Geheul los: Zwischen die Füaß vom Herrn Pfarrer krabbelt de kloa Veverl ins Zimmer, hat den Wum in da Hand und heult Rotz und Wasser. »Da Flori«, schluchzt sie, »da Flori hat mei Puppenküch weggnumma. De ghört mei!« Steigt über die toten Hirten – naa, die Indianer drüber, packt den »Stall«, schiabtn durch die Füaß vom Herrn Pfarrer und rutscht hinterher. Ma hat s' no ghört, wias draußen grommelt hat: »De ghört am Veverl!« –

Da Herr Pfarrer aber hat gsagt: »Flori«, sagt er, »i hab euch a ganze Zeit lang zuagschaugt und hab mei Freud dran ghabt. In da Bibel stehts zwar a bissl anders, aber i muaß sagn, des war des schönste Krippenspiel, des i jemois gsehn hab. Jetzt kann si da Weinberger Siegfried samt seim doppelten Kripperlzirkus eingrabn lassen!«

Dabei hats recht wüast ausgschaut: de Ritter san im Moos gflaggt, da Hindenburg is untern Goofy neikema, der Josef war umgfalln.

Bloß d' Maria is no bei da Krippn hibeigstanden und 's Kerzl hat brennt. Und wia da Flori in da Verlegenheit am Schnürl ziagt, da ham die Glöckerl leise gspuit:

»Aber heit is koit, aber heit is koit …«

HANNS VOGEL: Wias Christkindl von Atzlbach verschwunden is

Alle Jahr, wann die staade Zeit strumpfsockert die Staffeln zur Heiligen Nacht hinaufsteigt, um die Geheimnisser nicht zu verscheuchen, ist auch der Mesner Flori in den dickleibigen Glockenturm der Dorfkirch von Atzlbach gekraxelt. Alle Jahr hat er dabei im Speicher über der Glockenstube, wo die Fledermäus im Winter ihre Schlafkammer haben, mit dem gleichen nissigen Querbalken vom Dachstuhl saure Bekanntschaft gemacht. Alle Jahr hat er mit einem Mordsbinkel am Hirnkastl und einer sorgsam gestemmten Kiste den Rückweg über die Wendeltreppe angetreten, bis er seine Last unter der Empore, gleich beim Taufstein, abladen konnte. Stück für Stück hat der Flori dann aus der Kiste heraus das Heilige Land entstehen lassen, in einer Weis, dass es schier zum Verwundern war. Denn der Flori ist niemals kein bissl nicht in Palästina hinten gewesen. Wär auch zu viel Wasser dazwischen. Und in der Schul war dieser abseitige Erdenfleck auf der Landkarte so winzig wie der verwachsene Nagel von seinem kleinen Finger gewesen. Aber der Flori hat halt ein inwendiges Geschau gehabt, bal er, nicht viel anders als Gottvater bei der Schöpfung, seine bethlehemitische Landschaft entstehen ließ. Sogar ein Weiher aus hellblauem Hauchpapier war dabei und ist ganz echt dem Mooshügel mit dem Kripperlstall zu Füßen gelegen, nicht ohne dass ein silbrig blinkender Stanniol-Bach geschäftig durch die Gegend lief. Ober der notigen Geburtsstätte des Heilands, deren Verputz der Wüstenwind wohl radibutz abgenagt hatte, weit schiecher noch, wie das beim Brunnhäusl der Fall war, hat der Flori dann den goldenen Stern mit dem Kometenschweif hingezaubert, sodass man hätte meinen mögen, der stünde freiweg in der Luft.

Aber erst gar, als der Flori die geschnitzten Leut hat lebendig werden lassen! Als da sind die Hirten mit den zerzausten Biberbärten und den rundlichen Glatzen, die es auf ihrem Weg zum Neugeborenen höchst pressant hatten; weiters die heilige Mutter Maria, zärtlich vor sich hinblickend, und Sankt Josef, etwas gschamig abseits an eine kaputte Säule gelehnt; nicht zu vergessen die ganze Herde von Schafen mit einem Pelz aus wuckeliger Wolle, wo sich das Scheren wohl verlohnte; nachher die feiste Pracht von einem Ochsen, der in natura gewiss seine zwanzig Zentner gehabt hätte; brüderlich daneben ein Grauschimmel, eigentlich mehr ein ortsübliches Muli, jederzeit bereit, die hohe Frau und das Kind buckelkrax über den Berg nach Ägypten zu tragen; ja, und schließlich auf die Streu gebettet, das Kind selber mit seinen prallen Bamsenbackerln und so fasernackert, wie es auf die Welt gekommen ist. Weitum im Gäu hättst so ein Wunderwerk suchen müssen, es wär, mir nix dir nix, kein Kripperl gleich dem in der Barockkirch von Atzlbach zu finden gewesen.

Sind auch ganz extrige Holzmanndln, vor einer Handvoll Jahrhundert dem Schnitzmesser eines verflixten Tausendsassa entsprungen, von dem auch die Anna Selbdritt sowie die geschneckelten Voluten und das reiche Gerank an den Altären stammen, was wenigstens die gescheiten Herren in der Stadt behaupten, wo das Wissen um die Vergangenheit im Hosensack haben.

Nachdem der Mesner Flori den Gloria-Engel mit den weit gespreizten Flügeln noch die Botschaft von einem Nagelfluhfelsen herunter hat verkündigen lassen, hat er das elektrische rote Hirtenfeuer entzunden und nochmals einen wohlwollenden Blick auf seine kunstvolle Menschwerdung geworfen. Mit einem »guat is« hat er sich persönlich Beifall gezollt und versöhnt seinen Binkel an der Stirn gerieben. Es ist ihm ein weidliches Vergnügen gewesen, sich vorzustellen, dass anderntags beim Rorate, beim Engelamt, sich die Bauernleut und die kleine Butzlwar wischpernd herandrängen werden, voller Freud und Andacht.

Wie der Flori dann noch den spannenlangen wächsernen Kapuziner an die Seite hingestellt gehabt hatte, der bei jedem spendierten Zehnerl, aber auch bei Hosenknöpfen, »Vergelt's Gott« nickt, ist er, an den Kniebänken entlang, durch die Sakristei hinaus und hinüber zum Oberbräu gehatscht. Erzeugt halt die Erschaffung so einer biblischen Szene einen redlichen Durst, der sich aber mit einem oder mehr Haferln Klosterbier stillen lässt.

Tags darauf, in aller Herrgottsfrüh, dieweil es noch stockfinster in Atzlbach war und die ersten Göckel gekräht haben, ist aber auch schon der Teufel los gewesen, und das justament in der Kirche beim Engelamt. Wie allweil hatten sich die Gläubigen beim Hereinkommen schon an ihr vielgeliebtes Kripperl herangedrängt wie das Bienenvolk an seine Königin. Das anfängliche Gewisper hat jedoch gleich in ein wachsendes Murren umgeschlagen, weil die gache Stimm vom Mesner Flori allen schreckhaft in die Glieder fuhr: »Kreuzbirnbaumhollerstaudn! Wo isn as Christkindl hikemma? Schaugts hi, Leut, dees is verschwundn – geraubt! Dabei hab i 's geschting, auf Ehr und Seligkeit, feinsäuberli da einiglegt. Furt is!« Pfeilgrad, die Hauptperson unter den weihnachtlichen Figürln, ausgerechnet der Mittelpunkt fehlt! Der Herr Pfarrer, vom stocknarrischen Mesner Flori zur Verstärkung angefordert, versucht den flammenden Zorn seiner Gemeinde zu dämpfen.

Die einhellige Empörung überstürzt sich und macht sich kräftig Luft. Aus solchen Stimmungen heraus müssen Kreuzzüge entstanden sein. »Dees is a himmischreiende Sünd!« – »Zeiten san dees!« – »Für so an gottslästerlichen Diab gibt's bloß oans: Aufhänga!« – »Aufhänga? An Menschen derf ma doch deswegn net wia a frischbürstelte Bettwasch behandeln!« So und ähnlich rät der Herr Pfarrer zu vermehrter christlicher Sanftmut. Trotzdem kehrt auch sein Blick immer wieder zur heiligen Mutter Maria zurück, die ganz desperat auf die leere Streu hinstarrt, während der Nähr- und Pflegevater Josef ausschaugt, als ob er die ganze Nachbarschaft der Hirten zu Hilf bittet.

Bal 's nur net in Wirklichkeit verschwindt, as Christkindl – unter der Menschheit, a so moan i.« Mit diesen hintersinnigen Worten des Herrn Pfarrer haben sich nur etliche wenige abfinden lassen. Die Ermahnung konnte nicht verhindern, dass sich die Hälse der Beter, auch als man längst schon mitten im Rorateamt beim Paternoster war, alle Daumenlang verstohlen nach dem Ort der Untat umdrehten. Im martialischen Schlussgesang von »Tauet, Himmel, den Gerechten …« ist so ein Unterton mitgeklungen, der sichtlich die Wiederkunft des Erlösers in der Gestalt der abhandengekommenen Kripperlfigur betraf.

Mit der aus dem Portal hinausquellenden Menge der Kirchenbesucher hat sich auch das Ungeheuerliche, die bis zum Vorwurf des Sakrilegs gesteigerte Kunde, schnell im Dorf verbreitet. Vermutungen und Verdächtigungen sind umgegangen. Der schnauzbärtige Gendarm, glückselig, endlich einmal ein Verbrechen verfolgen zu können, hat auf mehreren Seiten eine Meldung in Amtsdeutsch gedrechselt, um sie anschließend sofort persönlich mit dem Radl in die Kreisstadt zu bringen.

Als er bei der Rückkunft, strahlend vor Pflichterfüllung, vom Sattel stieg, ist auch das geschnitzte Christkindl mit seinen prallen Bamsenbackerln bereits wieder friedlich im Kripperl gelegen – aber nicht mehr fasernackert, sondern wacherlwarm in einen Fleck eingehüllt, dazu kreuzweis verschnürlt mit einer Rüscherlborte, sodass von dem winzigen Fatschenkindl nur mehr das Nasenspitzl herausschaute. Das heilige Elternpaar zu beiden Seiten hat jetzt einen ganz und gar glückseligen Eindruck gemacht, als wär nichts, aber schon rein gar nichts passiert gewesen. Wär demnach alles wieder eingerenkt in dieser rätselhaften Geschichte.

Hinter die eigentliche Ursach ist, geklagt sei es, nicht einmal der eifrige Hüter des Gesetzes gekommen. Bloß der Herr Pfarrer hat es erfahren, seinerzeit, als ihn das Veverl, das fünfjährige Töchterl der Störnahterin, an der Soutane gezupft hat: »Gell du, Herr Hochwiern, jetza ko as Kindl koan Schnupfen nimmer kriagn in der kalten Kirch. Hab eahm a mollige Windel verschafft, war dees best Tuachert, wo i derwischt hab, verstohlns, woaßt, von meiner Muatta. Is bloß a kloana Zwickl gwen – aus'm Burgermoasta seiner Lodenkotzn. Der werd scho net derfriern deszwegn. Und der Herr Jesus is gwiss net weniger wert. Tuast mi aber net verratschn, gell! Versprichst ma dees?« Da hat der Herr Pfarrer schmunzeln müssen, indem er dem Veverl übers Zöpferlhaar streichelte. »Guit, i schlag ei!«, hat er gesagt. »Hat ja auch der heilige Martin am Arma sogar sein halberten Mantel gebn. Woaßt, für mi is dees a Beichtgeheimnis und fürn Burgermoasta a Amtsgeheimnis!«

Drum hat seither in Atzlbach das Gemeindeoberhaupt eine Kotzen, die wo schon als neuer ausgestückelt war, und das Kindl im Kripperl hat dafür eine lodene Windel.

Sieglinde Ostermeier: Weihnachtsgruaß

Is Eahna dees aa scho aufgfoin? In dene Wochan vor Weihnachtn heasd kaam no an normala Gruaß. Koa Griaß God, koa Guad Moing, ned amoi a Gutn Tag oda Hallo heast. Ganz egal, wo i higeh, wen i dreffa dua, wer mi driffd, wer auf Bsuach kimd – dea Gruaß head se überoi ziemle gleich o. Geh i zum Frisär (weil i für Weihnachtn no a neie Dauerwejn brauch), wart i bein Dokta (weil i mia für d Weihnachtsfeierdog no wos fürn Mong verschreim lassn muaß), renn i zum Metzga (weil i no schnej de Weihnachtsgans bstejn mecht), laaf i no gschwind in d Stood mid a langa Listn, garantiert drief i beispuisweis mein Schwoger Sepp oda mei Freindin Renate. Und koana und koane redd mi o wia sunst, mid Griaßdi oda mid Servus vielleicht. Naa, a jede und a jeder ruafd mia bloß no im Vorbeilaffa den gleichen Gruaß zua. Richtig stehbleim duad übrigns aa neamad mehr in dene Dog, do hod koana mehr Zeid (aba do is ma ja eigentle froh drüba, weil ma sejba aa koane hod). Und jeda griaßd bloß no mid »Hosd deine Gschenga scho beinand?«

Wos sogsd jetz do drauf? Natürle erwart neamd a richtige Antwort (genausowenig wia auf de Frog, de ma sunst s Johr üba oiwei head: »Wie gehds?« Do erwart aa koana, dass ma sei ganze Krankngschicht erzejd). Daad i oiso auf den Weihnachtsgruaß beispuisweis mei Listn herzoang, mid dene siemazwanzg Gschenga, wo i in de letzten fünf Dog no bsorgn muaß, na daad deajenige vielleicht bloß ganz unverständle reagiern, oda wahrscheinle gor ned, weil er inzwischen scho lang um d Eckn bong waar.

Oda, wos no schlimma waar, er bleibad tatsächle steh und daad ganz mitleidig auf mi runtaschaung und behauptn, er häd seidn 15. November scho oiß beinand, und alle Gschenga waarn fix und fertig mid goidne Schleiferl rum und hinterm Bett aufgstapld. So oam kandsd ja praktisch gor koa richtige Antwort gebn. »Hochstapler« oda »Angeber« oda so wos ähnlichs sogd ma ja anstandshoiba ned, und oiß andere waar scheinheilig. Oiso daadsd a bissl schlucka, verleng lacha und rennasd schnej weida. Aba es wurmad di natürle greislig. Warum muaß jetz grod dea oda de di aso ärgern, jetz vor Weihnachtn, wo ma eigentle nett und friedle zuanand sei soi. Wos hosd eahm denn do? Duasd dei Gwissn erforschn und kimmd nix dabei raus. Oda – hod er ebba koane Sprüch gmacht, hod er tatsächle ...? Bisd bloß du so spät dro? Da Dog waar jednfois verpatzd.

Daad i aba auf den Gruaß beispuisweis ois Antwort gebn, dass i scho lang oiß beinand häd, na waars erstns ned wohr und zwoatns daad i ja nacha den andan ärgern und sein Dog verpatzn, und des soi ma ja, wie gsagd, um de Weihnachtszeid scho glei gor ned.

I hob mia jetz ogwehnt, dass i einfach zruckgriaß mid dem andan Gruaß, den ma um de Zeid rum fast genauso oft head. Und do ko nämle i nacha a wengal vo obn owaschaung, weil i des nämle scho seid Mitte November erledigt hob. Wia dea anda Gruaß hoaßd? No ja, den kennan S doch aa! »Hosd scho oiß bacha?«

Herbert Schneider: Hickhack vor Weihnachten

Alle Jahre wieder werden wir von weihnachtlichen Zwängen gezwickt und gezwackt. Daher die folgenden Bitten und Warnungen an unsere Umgebung:

Zuerst zu Ihnen, Herr Huber: Wenn ich wüsste, dass Sie mir was zu Weihnachten schenken, würde ich Ihnen auch was zu Weihnachten schenken. Aber weil ich nicht weiß, ob Sie mir was zu Weihnachten schenken, muss ich Ihnen trotzdem was zu Weihnachten schenken. Kauf ich was Billiges, bin ich zwar der Noble, wenn Sie mir nichts zu Weihnachten schenken, aber leider auch der Ausgeschmierte. Der Idealfall wäre, wenn Sie mir gleichfalls etwas Billiges schenken würden. Schenken Sie mir wider Erwarten etwas Teures, stehe ich ja mit was Billigem als der Schofle da.

Nun zu Ihnen, Herr Meier: Wenn ich wüsste, dass Sie mir eine Weihnachtskarte schreiben, würde selbstverständlich auch ich Ihnen eine solche schicken. Weil ich aber nicht sicher weiß, ob Sie's tun, schreibe ich Ihnen auf alle Fälle trotzdem. Denn auf das bisschen Porto kommt es mir nun wirklich nicht an! Bloß sollte ich halt zusätzlich wissen, ob Sie im Schreibefall, wie schon mal, Weihnachtsgrüße aus Arosa senden, denn dann würde ich einen Kollegen, der die Feiertage in Davos verbringt, bitten, dort eine vorbereitete Karte von mir mit gleichwertigen Pulverschneegrüßen an Sie einzuwerfen.

Jetzt Sie, Fräulein Gerda: Wenn ich wüsste, ob Sie mir diesmal wieder einen Rauschgoldengel auf den Schreibtisch stellen, würde selbstverständlich auch ich wieder ein abgelegtes Schmuckstück von meiner Frau in Ihren werten Aktenhund schmuggeln. Voriges Jahr – erinnern Sie sich? – war es ein Armreiferl mit Silberauflage. Sollte Ihnen also wieder rauschgoldig zumute sein, dann bitte beeilen Sie sich, Fräulein Gerda! Denn so leicht komme ich an die Schmuckschatulle meiner Frau auch wieder nicht heran!

Ein Wort auch noch an Sie, Frau Hollerbusch: Wenn ich wüsste, ob Sie heuer wieder an unserer Tür läuten und einen Teller voll selbstgebackener Plätzchen bringen, so bräuchten wir keine zu kaufen. Wir bitten also herzlich um einen diesbezüglichen Wink mit dem Teigausroller. Wir würden Ihnen dafür am ersten Feiertag ein gebratenes Gansviertel hinüberbringen – allerdings nicht gerade ein Haxl. Irgendwie muss schon auch die Relation gewahrt bleiben, Frau Hollerbusch, gell?

Letzte Worte noch an Briefträger und Zeitungszustellerin: Wegen der gestiegenen Lebenshaltungskosten haben wir Ihr Weihnachts- und Neujahrstrinkgeld etwas angehoben. Sie erhalten diesmal 12,30 Euro. Sollten Sie uns bei Ihrem Glückwunschklingeln nicht persönlich antreffen, so werfen Sie bitte einen Zettel in den Briefkasten, auf dem Ihr Geldinstitut nebst IBAN und BIC vermerkt sind. Wir überweisen dann prompt: Danke!

Alfons Schweiggert: Das Christkind im Postamt

Wer glaubt, die Beamten bei der deutschen Post hätten kein Herz, den wird folgende Episode eines Besseren belehren.
In der Adventszeit fiel in der Poststelle einer kleinen Gemeinde dem Postbeamten Gustav Zenker ein Brief auf, der an das Christkind adressiert war. Zenker zeigt den Brief seiner Kollegin und seinem Kollegen und da niemand von den dreien wusste, wem sie das Schreiben zustellen sollten, entschlossen sie sich, den Brief zu öffen. Gustav Zenker begann zu lesen:
»Liebes Christkind! Ich bin neun Jahre alt und Vollwaise. Im Heim bekommen wir Kinder zwar Geschenke, aber nicht immer das, was wir wollen. Deshalb schreibe ich persönlich an Dich. Schon lange wünsche ich mir ein rotes Tagebuch mit Schloss zum Abschließen,

einen hübschen Ring mit einem blauen Stein und eine Barbiepuppe. Liebes Christkind, es wäre schön, wenn Du mir diese Sachen zu Weihnachten bringst. Deine Susanne.«

Die drei waren sehr gerührt und sofort sammelten sie für das Waisenkind. Leider reichte das Geld nur für das Tagbuch und den Ring. Hübsch verpackt sandten sie diese Gaben dann an Susanne.

Nach ein paar Tagen traf erneut ein Brief von Susanne ans Christkind ein. Sofort öffnete Gustav Zenker ihn und las den beiden Kollegen Folgendes vor:

»Liebes Christkind! Vielen Dank für die schönen Geschenke! Ich habe mich sehr gefreut! Leider hat die Barbiepuppe gefehlt, die haben bestimmt diese Gauner vom Postamt geklaut! Sende in Zukunft bitte Geschenke nie wieder per Post, sondern bringe sie mir persönlich.«

Herbert Schneider: **Ein Geschenk für Anita**

Wenn i nur wüsst, was i heier meiner Anita z' Weihnachten schenkn soll! A Auterl oder a Eigentumswohnung, wia sie moant, scheiden natürli aus, da langt der Verdienst hintn und vorn net!

Wia waar's denn mit an Schmuck? Also a Broschn glei amoi net, a Broschn schenkt ma net, zwengs der spitzn Nadl. Des bringt Unglück, sagn s', und des wui i meiner Anita wirkli net odoa. Dafür hab is s' vui z' gern!

An Ring? An Verlobungsring hat s' scho. Und für den andern, woaßt scho was für oan, da is's no z' früah. Soweit san ma no net. De Zeit der Prüfung is no net beendet, wenn aa sie oiwei moant. Kettn hat s' sowieso a vier a fünfe. Und ehrlich gsagt, geht oam des Zeig ja bloß im Weg um. Naa, an Schmuck, den konn i vergessn!

Mit an Gwand is's aa so a Sach. I konn s' ja net mitnehma ins Bekleidungshaus, sunst is's ja koa Überraschung mehr. Und dass i ihre Umriss mit de Händ odeit? Ja freili, dass i mi zum Gspött von de Verkäuferinnen mach!

Was gaab's denn no auf dem Sektor – ah ja, a feine Unterwasch. Aber des is mir zu anzüglich. Sunst moant s' glei, i waar a solchener! Außerdem daad i mi z' Tod schaama, wenn i in am Gschäft so was verlangert. Was dengatn denn de von mir!

An was Nützliches hab i natürle aa scho denkt. Zum Beispui an Handschuah, vielleicht mit an Norwegermuster, de wirkn recht sportlich. Und jetzt im Winter waar des eigentlich a recht a sinnigs Geschenk. Vielleicht gaab's da sogar preiswerte Sonderangebote!

Und wia waar's mit an Handy? Nix da, da daad s' bloß in Versuchung kemma, dass s' mitn Robert, ihrm frühern Spezi, telefoniert!

Es is scho a rechts Kreiz mit dera Schenkerei, weil woaßt, in de Seele von am andern Menschn konnst einfach net einischaugn und in a Weiberseele scho glei gar net!

Schlittschuah kaamatn eventuell aa in Frage. Sie is nämlich a sehr gewandte Läuferin. Mia ham uns ja net umsunst in da Eisbahn-West kennaglernt. Pirouetten draaht de wia d' Kathi Witt, bloß net so schnell. Aber i bin halt mehr fürs Skifahren. Und wenn i ihr aufn Eis z' vui Schwung lass, dann konn i 's Sudelfeld vergessn!

Eigentlich hat s' ja alles. Da ham scho ihre Alten dafür gsorgt. De hat bloß sagn braucha, des oder des möcht i, scho hat s' es ghabt. Da duat si natürlich oana, der beruflich no im Aufbau begriffa is, hart.

A ganz ausgefallne Idee hab i neilings aa amoi wieder ghabt – nämlich ihr überhaupt nix schenka und testn, wia s' drauf reagiert. Also, de oana moana, wenn s' dann trotzdem in da Liab net nachlasst, dann hat s' den Ehetauglichkeitstest bestandn, wenn s' aber mault und bockt, dann waar s' bloß aufs Sach aus und i soit ma de Gschicht no amoi überlegen. Aber de andern sagn, gscheida waar's, i denkert ans Hannerl, de i mit der gleichn Tour gschreckt und vertriebn hätt – und mit da Anita daads dann bestimmt aa so geh, weil für sie waar des genauso a Test, nämli für des, dass i a Geizkragn waar.

I und a Geizkragn? Ja, sparsam bin i scho, des gib i zua. Aber i konn aa großzügig sei! Und drum wer i mir für mei Anita a feine Überraschung ausdenka. Wia waar's denn zum Beispui mit an Buach, vielleicht sogar mit an Taschnbuach? Da fallt ma ei, wenn i d' Fettfleckn vom Umschlag wegbraacht, hätt i selber an interessanten Lesestoff in meiner Nachtkastlschublad, an unheimlich starkn Liebesroman.

Jawoi, den kriagt s', d'Anita. I hab 'n ja scho zwoamoi glesn. Woaßt, nur mit Nobless konn ma heitzutags a Frau auf die Dauer haltn!

Harald Grill: O Tannenbaum, o Tannenbaum ...

»Etz taut's scho wieder! Mist elendiger!«

Voller Wut haut da Hansi de Schneehäuberl vo de Zaunpfosten oba, wiar er vo da Schul hoamgeht.

A Weihnachtn ohne Schnee is genau des gleiche wiara Kuahstall ohne Kiah, denkt er se.

Grad etz, wo de Weihnachtsferien ogengan ...

Grad etz, wo er dahoam net so vül mithelfa miaßat wia im Sommer ...

Da Pappa und d' Mama hockan scho beim Essen. A Nudlsuppn gibt's. Omei, omei, scho wieder a Nudlsuppn, denkt se da Hansi. Aber er sagt nix. Taat eh nix helfa. Und gega 'n Hunger taugt sogar a Nudlsuppn. Da Pappa is scheinbar aa net so bsonders guat aufglegt.

»... jeds Joahr teierna, do mach i nimmer mit«, hat da Hansi beim Einegeh vastandn.

D' Mamma fragt heit goar net: »Wia is's da denn in da Schul ganga, Hansi?«

Heit redt s' bloß mim Pappa: »Naa, und da mach i net mit! A Weihnachtn ohne Christbaam, des is für mi koa Weihnachtn!«

Etz fangt da Pappa a no 's Plärrn o: »Glaubst, dass i so an Hauffa Geld für so an lumpertn Baam zahl, de wissn ja scho nimmer, was s' no valanga solln!«

Aber d' Mamma gibt eahm bloß zur Antwort: »Weihnachtn is Weihnachtn, werd doch eh alles teierna, warum sollat ma do ausgrechnet beim Christbaam zum Sparn ofanga, ha?«

»Christbaam breichert ma scho oan«, rutscht's am Hansi außa, und a poar Nudln rutschn nach aaf d' Tischdeckn.

»Pass halt besser aaf, Menschenskinder«, schimpft d' Mamma glei. Typisch. Allerweil, wenn se se net einig san, dann geht's an eahm aus. Aber er sagt nix. Irgendwia is er heit ganz ohne Kraft, ganz lätschert, hat eh alles koan Sinn, wenn draußt da Schnee taut. Staad löffln s' weida.

D' Mamma sagt nix mehr.

Da Pappa sagt nix mehr.

Da Hansi sagt nix mehr.

Aber am Pappa is net recht guat. Irgendwie hat er se net durchsetzn kinna mit seiner Idee: koa Christbaam!

Naja, des hat er bestimmt bloß so gsagt, wal a eahm gstunga hat, wal a Christbaam einfach net so vül wert is wiara kost, wal a Christbaam eh grad vierzehn Tag im Zimmer steht.

Da Hansi kann se scho a bisserl in sein Pappa einevasetzn. Aafaramal hot er an Einfall: »Pappa, Mamma!«, und d'Nudln haut's wieder auf d' Tischdeckn.

»Hansi!«, schreit d' Mamma.
»Mia holn uns einfach an Christbaam aus'm Wald«, redt da Hansi pfeigrad weida.
Aber des passt da Mamma überhaupt net: »Schmarrn, gstohln wird net, mia hamma no nia was stehln miaßn!« An des hat da Hansi net denkt ghabt, dass ja der Wald irgendwem ghört, und dass ma do net einfach an Baam mitnehma derf ...
Aber da Pappa hilft eahm: »So bläd waar des goar net!« Do hot 's doch etz so an Hauffa Baam umghaut bei dem nassn, schwaarn Schnee, Trümmer Baam, i hab's gestern erscht gsehng, wiar i vo Rengschburg hoamgfahrn bin!« D' Mamma ist entsetzt und schimpft: »Willst leicht an zehn Meter hochn Baam ins Zimmer einalegn?« Aber so bläd is da Pappa aa wieder net. »An Wipfl, Maare«, sagt er, »an Wipfl, was moanst denn du, was solcherne Schneebruch-Baam oft für scheene Wipfln ham, des san de scheenst Christbaam, des sag dar i!«
Am nächstn Tag, spät am Nachmittag richt se da Pappa tatsächlich zamm fürs Waldgeh. Da Hansi derf aa mit.
Draußt werd's scho schee staad finster, aber des is am Pappa ganz recht, wal a jeder soll's doch net sehng, wos sie do im Wold draußt taan, moant er. Scheinbar woaß er doch net so ganz genau, ob des erlaubt is ...
Da Pappa ziahgt sein dickn Anorak o. Net eppa, wal er Angst hot vor da Kältn – naa – aber wo soll er denn sonst as Hackl vastecka? An Stiel hot er unter da rechtn Achsl eizwickt, und d' Klinga, de halt er mit da Hand wo außn durch d' Taschn.
Vom Hackl sieht koa Mensch nix. Bloß as Gangwerk vom Pappa is komisch – wia wenn's eahm im Kreiz fehln taat.
Aaf da Teerstraß san s' no recht zuversichtlich, alle zwoa. Do redn s' mitanander, wia der Christbaum ausschaug soll, wia hoch, wia braod, wia grad ...
Im Wald drin wern s' allerwal staader und staader.
A jeder Tatscher, den wo s' machan, der is wia wenn s' in a Dreeglacka einesteign taatn. Und in am jedn Triedling rinnt aa oan Schlog a kloana See zamm. De zwoa schwimman scho glei in eahnane Schuah drin.
»Taucherflossn breichert ma«, flaxt da Hansi.
Aber da Pappa is nimmer aafglegt zum Scherzn: »Red koan Blädsinn«, sagt er grad.
Mit da Zeit sehng s' scho fast nix mehr. Stockfinster werd's. Omei,

do wenn da Pappa koa Taschnlampn dabei hätt! Bloß guat, dass er 'n Hansi net oleicht ... Jeder Schried ziaht mit de Schuah ran Baaz außa. Und je schneller dass s' gengan, desto höher haut's an Dreeg hint auße. Und geh taan s' allerwal schneller, wal s' Angst ham, dass s' koan Baam mehr findn. Und wal da Hansi hinterm Pappa geht, hot er d' Lettn scho bis im Gsicht drin!

Da Pappa is halt koa Bulldog – a Bulldog wenn er waar, dann hätt er an Kotflügl, und der taat wenigstens a bisserl an Dreeg auffanga.

Quer durch'n Wald haatschn s'. Batschnooß san s'. Auf und auf voller Dreeg san s'. Und wia s' an umgstürztn Baam sehng im Licht vo da Taschnlampn, dann fangan s' zum Renna o ... pflaatsch, pflaatsch ... pflaatsch, pflaatsch ... pflaatsch, pflaatsch ... Am Pappa is scho koa Baam net recht aa!

Er is da Fachmann. Allerwal findt er was zum Aussetzn.

»Schau doch hi, der hot a krumme Spitzn, und der, der is z' kurz, und der is z' lang, und der is z' broad, und der is z' dürr, und dem fehln obn alle Astln, und der is oagseitert, und der liegt z' tiaf in da Lettn drin ...«

Am Hansi glangt's schee langsam. »Naa«, sagt a, »Pappa, i mag nimmer, i mag nimmer, mir glangt's!«

Allerwal wieder sagt er's. Und da Pappa stellt schee staad immer wenger Ansprüch. Und aaframal is eahm alles Wurscht. Schwitzn tuat er, friern tuat's 'n, nooß is er und da Hansi wuislt eahm dauernd hi ...

»So, den nehm ma etz – aus, Äpfl, Amen!«, sagt er und bleibt vor am Baam steh. Dann druckt er am Hansi d' Lampn in d' Händ, packt 's Hackl und drischt mi zwoa Schläg de Spitzn vo dem Bamm oba – zwoa Metter ungefähr.

»Irgendwie bring ma 's scho hi, dass er wos gleichsiahgt«, moant er. Und da Hansi gibt eahm recht.

Dann tapsn s' hoam in da Finstern. Da Pappa tragt an Baam. Da Bua tragt 's Hackl und d' Taschnlampn.

Wia eahna d' Muata dahoam d' Haustür aafmacht, trifft s' fast da Schlog, so dreckert san s': d' Schuah kennt ma kaum wegga vom Baaz, de Anoraks und de Hosn schaung aus wia wenn s' beim Schweinern in da Knödlsoß glegn waarn.

»Ihr Saubärn«, plärrt d' Mamma, »schauts dass's außekummts, 's Gwand werd draußt auszong!«

Alle zowa ziahng s' an Kopf ei. Koa Wort bringan s' außa. Und dann watschln s' in da Unterhosn in d' Küch eine.

»Die Tat ist vollbracht!«, sagt da Papa und stellt se mim Christbaam vor d' Mamma hi. Des gibt da Mamma ran Rest.

»Des is ja koa Christbaam, des is ja a Besnstiel«, schreit s'. Fast fangt s' as Woana o. Da Pappa und da Hansi wolln den Baam no vateidign. Aber do geht nix – bloß d' Mamma geht, und zwar ins Bett, de is beleidigt. A Zeitlang stehngan s' do und sagn nix. Da Hansi ziahgt d' Nasn aaffe. Da Pappa ziahgt d' Unterhosn aaffe, wal s' eahm fast obegrutscht war …

»Geh Hansi«, sagt er, »Kumm, tamma 'n auße, d' Mamma hot scho recht, der Baam is nix wia greislich – morgn fahr ma zum Heimbucher in d' Gärtnerei und kaaffan an gscheidn Baam, und wenn er 50 Euro kost, etz is's eh scho wurscht!«

Da Hansi hot nix dagegn.

Annemarie Köllerer: 's Christbaamkaffa

Kimm, richt di zamm, mia fahrn jetz an Supermarkt zum Christbaamkaffa … – sagt sie.

An Baam kaffa? Gar nia ned! Den hol i, wiar jeds Jahr, im Woid draußd! – sagt er.

Nix da, heuer werd da Baam kafft und ned gstoin! Dass di eisperrn aa no! – schimpft sie.

Wenn se de Mei was eibuid! – brummt er.

Kurze Zeit später im Supermarkt

Mei schaug, so a scheena Baam, kerzngrad steht er do! – strahlt sie.

Was kostn der dann? – fragt er.

Gar ned vui, fünfazwanzg Euro bloß! – sagt sie.

Bist narrisch, so vui Geld für an Christbaam. Um des hätt i ja heier glatt no zwoa Mass Wiesnbier kriagt – grantlt er.

Du denkst bloß ans Sauffa, schaam di! – schimpft sie. – Na nehma hoid an billigern. Schaug, do waar oaner für fuchzehn Euro.

Den do? So a greislicher Krüppl. Und nadeln duat der scho! Naa, koan Cent gib i für so a Graffe aus! – raunzt er.

Psst, d' Leit schaun scho her! – flüstert sie.

Des is mir wurscht! – schreit er.

Woaßt was, du machst jetz dein traditionellen Weihnachtsspaziergang an Woid auße, und do holst den Baam, der dia gfoid! – bestimmt sie.

Hans Breinlinger: Der gestohlene Christbaum

»A Baum, dean wo ma si selber ausm Wald holt, isch denn doch ebbes anders als so a kaufts Zuig!« Hot dr Ma gsagt, wie-n-er si grad fertig gmacht hot zum Futtgange. Axt und d Säg hotr untrem Lodemantl versteckt. Sei Frau hot glaubt, er sei numma ganz bache: »Ja, bisch du jetzt ganz narret? Du wirsch doch it am End zum Chrischtbaumsteahle gange.«

»Woll,« sagt dr Ma, »genau des wer i mache. Dobe in Grinders Wald gits die schönste Bäum. Und glei ganze Häufe, anderthalb Metr, zwei Metr und zweiahalb, grad wieses brauchsch. Do wer i a richtig schös Bäumle raushole. An viel schönre als die, wo mer allet aufm Markt kauft hond für a sündteuers Geald.«

»Also dees könnet mir denn doch verzahle!«, kneischtret sie dezwische. »Do brauchtba doch it zum Schteahle gange. So notig simmer denn no it dra.«

»Dees siehsch du falsch, Weible. Es goht it ums Geald, und es goht it ums Schteahle. Es goht um dees, dass a Chrischtbaum aus dr Natur komme mueß. So ebbes isch kui Handlswar, wo ma aufm Markt kauft. Mit Geald bsorgt ma si s Easse und s Zuig zum Azieh und d Möbl und d Waschmaschi und s Auto und so weiter. A Chrischtbaum isch ebbes anders! Dean mueß ma vom Herrgott direkt kriege. Der losst die Bäum jo au wachse für uns. Für uns alle!«

»Die Bäum wachset bloß, wenns uiner pflanzt hot. Und der wo des macht, deam ghöretse au.«

»Falsch!«, sagt dr Ma und hebt de Zeigefinger, als ob er ebbes ganz Wichtigs zum sage hätt. »Mitm Pflanze isch no gar nix gmachet. Des Zuig mueß jo au wachse. Und des bsorgt dr Herrgott. Dr Grinder braucht it amol dunge oder gieße. Die Bäum wachset ganz vo seal. Sogar ohne Pflanze tätetse sich vermehre, wemma se losse tät. Abr d Leut muinet, sie müeßtet die Bäum in Reih und Glied aufstelle wie d Soldate. Des isch alls, was se könnet. Dass nochher so a Wald ausschaut wie a Huinzewies. Naa, naa! Für deaweag Ufirm brauchtba it au no zahle. I hol an Baum, dean dr Herrgot hot wachse losse für alle Leut, wo uin brauchet.«

»Jetz, Ma, sei doch gscheit! Des wär ja s erschtmol, dass mir ebbes schteahlet. Was muinsch, wenn di ebbar seah tät!«

»Zu deam gohsch du mit und paschst auf, dass niemed sieht.«

»Ja, des grad au no! Für was haltscht du mi eigentlich? I bi meiner

Leabtag a ehrlicher Mensch gwea, und du glaubsch, i tät jetzt no s Schteahle afange! Nix do! Wennde di scho uglücklich mache willsch, no tueschtes allui. I will do nix zum tue hobe demit.«

»Weible! Zu zweit isch dees viel schöner. Hosch du it bei dr Trauung gsagt: Wo du hingehst, da will ich auch hingehn.«

»Abr doch it zum Schteahle! – I kenn di überhaupts numma. Was isch denn in di gfahre? Du wirsch doch it auf amol kriminell were.«

»Was heißt denn kriminell? Wenn dees kriminell wär, dann wärsch es du scho lang.«

»Jetzt schpinn doch it! I ho in meim Leabe nie ebbes Ureachts to.«

»Hosch du au it. Abr mir hond mitanand doch au scho Äpfl gschtohle, ohne dass mir dabei an ebbes Ureachts denkt hond.«

»Jo mei, als Kindr. Dees isch ebbes anders. Do machtba allerhand Blödsinn. Und a Glück hom mer ghett, dass mer nie verwischt worde sind.«

»So isch! Du hosch glueget, ob jemand kommt, und i ho derweil gschüttlet. Und no hommers all zwei eigsammlet. Und grad so machemers huit wiedr. Do hom mir ja scho Übung drin. Bloß dass mir dees huit mit am guete Gwisse mache könnet, weil die Gschicht ganz in Ordnung isch.«

D Frau hot natürle no viel Eiwänd brocht und si gsträubt bis zletscht. Aber no hotse auf amol fascht an Gluschte kriegt an dere Sach; allerdings bloß, weil ihr ebbes eigfalle isch, wiese die Gschicht doch no auf an aständige Weag bringe könnt. Sie sagt ihrem Ma:

»Also guet, wennde gar kui Rueh it gibsch, no gang ich halt mit. Aber huit gohts it. I ho Wäsch. Die mueß i bei deam guete Weattr no naushänge.«

»No mache mers halt morge. Do kommts it drauf a.«

Dr Ma schtellt Axt und Säg wiedr in d Kammer und macht si an a andre Arbet. Sie hängt ihr Wäsch auf und goht no zum Eikaufe. Dr Lade, wose allet eikauft, ghört em Grinder. Grad dem, dem au der Wald ghört, wo ihr Ma sein Chrischtbaum hole möcht. Im Lade schafft em Grinder sei Frau, und mit der hotse heit ebbes vor. Sie kennet sich reacht guet, gond au ins gleiche Kaffeekränzle. Do kame ohne Weiteres au so a bsondre Sach bespreche. Freile, sie weiß it so reacht, wie se afange sott, wie ma beinand sitzt im Büro hintrem Lade.

»Also, Fanny«, muint se schließlich, »i mueß do ebbes ganz Komischs mit dir bespreche, woisch. Mei Ma fangt in letschter Zeit a bissle schpinne a —«

Die ander lacht und sagt glei: »Jo mei, des isch nix Neus bei de Mannsbilder. Der mei schpinnt scho, seitn kenn. Do brauchsch dr nix denke.«

»Es isch bei uns ebbes Bsonders, woisch«, sagt die ui. »Mei Ma hot auf amol wieder so Kindereie im Kopf wie als Bue. – Also pass auf, es goht um dees: Euch ghört doch dr Wald aufm Kathreinerbuckl oder?«

»Jo. Des heißt, mir ghört er. I hobn vom Vattr gerbt.«

»Ja no isch ja grad reacht!«, sagt ganz zfriede die ander. »No bin i ja grad an dr richtige Adress. Mei Ma möcht heuer nämli ubedingt an Chrischtbaum ausm Wald direkt holle. Die vom Markt passetm scheinbar numme. Außerdeam hotr in eurem Wald – in deinem Wald – bsonders schöne Tännele gseah. Do möchtr uis devo holle. I ho s em it ausrede könne. Jetzt honi mir denkt, loschm sei Freid und schausch halt, wie ma die Gschicht in Ordnung bringe könnt. Was tät denn so a Bäumle koschte?«

Die Grindere mueß wiedr lache: »Des heißt also, du möchtesch dean Baum vorher zahle?«

»So isch es. I ka mein Ma doch it zum Schteahle gange lasse, obwohl er do scheinbar die gröscht Freid dra hot. Er muint, do sei überhaupt nix Ureachts derbei. Woisch, die Mannsbilder hond ihr eigene Vorstellung vo Gsetz und Reacht. Abr mir Fraue möchtet halt, dass alls sein reachte Weag goht. Jetz wenn du demit eiverschtande wärsch, könntebr die Gschicht deaweag in Ordnung bringe. Was muinsch?«

Frau Grinder isch tatsächlich eiverschtande. Ihr gfallt des, dass ihr Freundin a ehrlicher Mensch sei möcht. Sie sagt an ungefähre Preis für a Tännele vo zwei Metr. Die ander zahlt a bissle mehr, falls ihr Ma an Baum nimmt, wo a bissle höher isch.

Ganz zfriede goht se huim und macht am andre Tag ihrem Ma gar kuine Vorwürf mehr, wie se do selbander naufsteigt zum Kathreinerbuckl und in de junge Tännele rumsuechet. Er hot uins gfunde, desem passe tät. Es isch aber bloß guete anderthalb Metr. Sie sieht an anders, a größers, und muint:

»Des do dribe tät mr eigentlich besser gfalle.«

»Deesch abr a guets Stück höher«, sagt er.

»Macht doch nix!«, gibt sie zruck mit am echte Spitzbuebegsicht. »Wemmer scho do sind zum Raussueche, no holemer ebbes Gscheits, dass sis au rentiert.«

A bizle verwundret guckt er auf sei Frau und blinzlet se a, wies halt uiner zu seim Spezi tuet bei sore Lausbuberei.

»Wennde muinsch – mir sollts reacht sei. Also pass auf, dass niemand kommt!«

Er holt d Säge raus und fangt a. Sie lueget ins Dorf nab, weils e schöne Aussicht isch vo dohobe. Wie er dann de Baum grad umlegt, do schtoht wie ausm Bode gwachse dr Grinder neabe ihm:

»Na, Xaver, do hosch dr ja a reacht guet gwachses Bäumle rausgsucht.«

D Frau dreht si um und verschrickt jetzt doch a bizle. Wie se grad s Erkläre afange will, sagt dr Grinder:

»Aber Xaver, wenn is richtig woiß, isch euer Schtub doch guete drei Metr hoch, odr?«

»Drei Metr zwanzg, wemmes gnau nimmt«, sagt Xaver und bleibt debei seelenruhig, als obr überhaupt nix Ureachts do hätt. Au dr Grinder isch gmüetlich und gar it bsonders überrascht vo der Gschicht:

»No könntesch also au an Baum mit drei Metr unterbringe, odr?«

»Dees scho. Aber ma will jo it übertreibe, gell.«

»Was heißt do übertreibe? Du hosch mir vorig Woch an Baum mit guet zwoi Metr zahlt, und dei Frau hot meiner Frau nommol guete zwoi Metr zahlt. Des wäret im Ganze vier Metr. Do müschtescht grad a Loch in d' Decke bohre, wenn er Platz hobe sott. – Aber dees wirschte wahrscheinlich it mache wolle, und do tät i sage, mir geabet deiner Frau ihr Geald zruck, dass die Gschicht an Ordnung hot. No simmer allmitnand zfriede. Ihr hond an gschtohlene Christbaum und mir, mei Frau und i, wisset nix devo.«

Dr Grinder will s Geald zruckgeabe. Aber Xavers Frau siehts gar it, weil se ihren Ma aschtarrt wie an Guglhopf, wo vierecket isch:

»Was hör i do? Du hosch den Baum au scho zahlt? Warum hosch du mir des it gsagt?«

»Weil i hob seah wolle, ob du d Schneid hosch, mit mir zum Schteahle zganget. So ebbes isch nämle die wahre Liebe!«

Hanns Vogel: Zacherl und die Christbaumhandlerin

»Geht was ab, schöner Herr? Brauch ma vielleicht a Christbaamerl?«, flötete Kreszentia Pichlmeier, die stämmige Standerl-Walküre vom Münchner Viktualienmarkt, den herumäugenden Franz Xaver Zacherl an. Sie legte in ihre Worte den ganzen süßen Schmelz eines Sirenengesanges, zu dem nur bayerische Marktfrauen fähig sind. So stand sie in ihrer stattlichen Fülle inmitten der Lichtung ihres käuflichen Waldes aus abgeholzten Nadelgewächsen. Als sie merkte, dass der Kunde ernste Kaufabsichten im Schilde führte, weil er gar so kritisch, wie ein Preisrichter bei einer Schönheitskonkurrenz, die vornehmen Tannen und die weniger edlen Fichten begutachtete, kam sie in ihren Filzstiefeln, die ausladend wie Dampfboote waren, auf ihn zu.

Man sah es dem Franz Xaver Zacherl auf den ersten Blick an, dass er die grüne Ware mit geübtem Auge taxierte. Der einst beim städtischen Schlacht- und Viehhof Beschäftigte konnte auch als Pensionist sehr wohl die Qualität eines Mastochsen von der anderer Rindviecher unterscheiden.

Die Christbaumhandlerin fasste gleich Zutrauen zu diesem Interessenten.

»Brauch ma gwiss a kloans Baamerl? Is oans wias andere kerzengrad gwachsn, schlank und rank wie ein Mannekin! A solchene Figur sollteten mia zwoa halt no ham wia zum Beispiel da de Fichten! Gell, da schaugn S', wia de dasteht, edelgeformt wie die Venus von Milano – um zehn Euro, weil's Sie san!«

Zacherl tat einen tiefgründigen Seufzer und blickte ins Leere. Offenbar wollte er sich den Vergleich mit der Venus anschaulich vergegenwärtigen.

»Mei liabe Frau«, ließ er sich nach einer Pause vernehmen, nachdem er mit dem Handrücken ein Nasentröpferl weggewischt hatte. »Wissen S', i schwank no, geistig natürli, ob i mir heuer überhaupts oan zualegn soll, an Christbaam.«

Zuerst war die Kreszentia Pichlmeier über so viel heidnische Nüchternheit völlig sprachlos, aber dann raffte sie gleich wieder ihren erprobten Sprachschatz zusammen: »Aber genga S', Herr Professor. Sie kenna eahna do koa Palme ins Zimmer stelln und mit Lametta behänga. Und a Weihnachten ohne Baamerl is wia a Gansbratn ohne Knödl. Schaun S' Eahna bloß amal dieses Exemplar da o! Als ob's der Drechsler gmacht hätt! Da brauchts keinerlei Schönheitsreparaturen. Um fuchzehn Euro – wann S' 'n glei nehma!«

Er nahm ihn nicht, sondern setzte dem Angebot in die Vergangenheit drängende Betrachtungen entgegen: »Also so a Krischperl wia der da derfats nia net sei! Übrigens, zu was, frag i mi, braucht unseroana überhaupts als Witwer und Alleinstehender einen Christbaam? Frühers ja, wia mei Adelheid, mei bessere Hälfte, no glebt hat, da ham mia Jahr für Jahr alleweil ein geradezu majestätisches Prachtexemplar

101

ghabt – vom Bodn z'tiafst herunten bis ganz obn 'nauf zur Decka. Bis vom Nachbarhaus sans damals kemma, um diese Herrlichkeit zu bewundern. Do bal ma so oaspanni dahilebt ...« Zacherl musste seine Virginia wieder anzünden, die ihm vor lauter süßer Erinnerung ausgegangen war.

Aber Kreszentia Pichlmeier gab nicht auf. Sie wagte einen neuen seelischen Anlauf, indem sie ihm ins Wort fiel: »Na braucht ma erst recht was, dees wo vergangene Erinnerungen angenehm macht! – Also, um zwanzig Euro kanntn S' den da ham!«

»Erinnerungen, da ham S' was gsagt!«, pflichtete er bei, meinte jedoch, auf das angepriesene Bäumerl deutend: »Aber dees da is ja a Besn, a zaundürre Goaß is dees. Hint is er nackert und vorn is er grupft. Der schaugt ja aus wia a Henna in der Mauser. Für mi müassert er scho vui simmetrischer sei, net so oagackert!«

»Ah, ah, ah, jetz übertreibn S' aber haushoch!« Die Handlerin ging in Verteidigungsstellung und stemmte ihre Arme in die Hüfte. Das veranlasste Zacherl, einen Schritt zurückzutreten. Aber schon kam es wieder katzenfreundlich aus dem weiblichen Mund: »Aber warten S' – der da hinten kunnt möglicherweise Ihnen Ihrem hochentwickelten Geschmack entsprechen.«

Abwehrend brachte er einen Gegenvorschlag vor: »Naa, den erst recht net! – Übrigens, weil S' grad voring von de Erinnerunga ogfangt ham: feuerfesten Christbaum ham S' koan, oder?«

Was der Pichlmeierin sonst nie passierte, jetzt verschlug es ihr die Stimme. Sie musste tief Luft holen, bevor sie feststellte: »Naa, Sie ham vielleicht gspaßige Einfälle!«

»Sie, gelln S', dees is kein Scherz nicht!«, ereiferte sich Zacherl. »Ja, Sie kenna leicht lacha. Da ham ma selbigsmal was ausgstandn, wia de Äst scho alle hellauf brennt ham wia a Johannisfeuer, mitsamt de Prisbis-Vorhäng am Fenster. Nur guat, dass der Feuermelder glei ums Eck gwen is. Bis de aber mit der Spritzen kemma san, warn mia scho lang ferti mi'm Löschn. Aber weils scho da warn mit eahnam Schlauch, hams aus lauter Pflichtbewusstsein glei de ganze Wohnung unter Wasser gsetzt.«

Daraufhin betrachtete die Christbaumhandlerin ringsum ihre Ware auf Brennbarkeit, um sehr schnell zu dem Ergebnis zu kommen: »Dees werd halt so a dürra Heiter gwen sei. Meine Baam san oana wia der ander waldfrisch. – Ja, was mach i denn mit Eahna? – Aber der da – no drahn S' Eahna um – der stellt do gwiss was vor, mit seine zwoarahalb

Meter. Dees is eine direkte Persönlichkeit des Bayerischen Waldes. Der ghörat von der Stell weg in de Ruhmeshalle hinter der Bavaria. Um fuchzg Euro, zum Selbstkostenpreis!«

»Ah, ditschi, datschi! – Und hörn S' ma bloß auf mit dera weißblauen Ruhmeshalle, wo ma neuerdings net amal sicher is, dass net gar a Preiß neikummt!«, eiferte sich der Zacherl. »Aber i woaß net, i woaß net, i ko mi ums Verrecka net entschliaßn. Außerdem machert's nix, bal S' an Baam hätterten, der a ganz kloans bissel höher waar – oben höher, moan i! Es müassert net vui sei, grad oa oder oanahalb Zentimeter. Jetz fallt ma was ei, a Edeltanne! Edeltanne ham S' koane? Ha? Bittschön?«

»Ja freili, ganz edle!«, beherrschte sich Kreszentia Pichlmeier, damit ihr der Geduldsfaden nicht riss. »Also, Herr Kommerzienrat, wia waars, ist diese nicht geradezu königlich?«

»Mh, fast, beinahe ...«, zog der Zacherl an seiner neuerdings erkalteten Virginia. »Obwohl, ... i wer' also grundsätzlich allerweil a wengerl abergläubisch, bal i an Christbaum, gleich von welcher Kategorie, bloß riach. Stelln S' Eahna vor, as Jahr drauf hab i mir denkt, tuast elektrische Kerzen 'nauf, na kann's koa Entzündung geben. Also hab i denkt. Ja, Schneckerl in der Buttersoß! Grad wia i z'höchst auf der Stafflei drobn steh, haut mir der Strom aber glei so auf Glubberl, dass i hinterrucks runtafall und direkt in Toagschüssel nei, mit der hintern Bügelfalten. Am A ... Aschermittwoch no bin i rumghatscht!«

Die Standlerin band ihr Kopftuch fester: »Wissen S', Herr Direktor, weil S' ma so sympathisch san, mach i Eahna ein Spitzenangebot. Also, bal von dera Edeltanne nix da waar als alloa der Gipfel, na waar dees schon ein Super-Modell. Bildschön, was? – Um achzg Euro!«

»Gar net übe, Frau Christbaumverkäuferin. Aber i glaub, jetzt hab i as Ei des Columbus: a Weißtanne – ja, de tragen am meisten auf. Nur net so broat derfats sei. Sunst bring i's net nei zwischen Kredenz und Standuhr.«

Der Kreszentia Pichlmeier war die schwierige Kundschaft schon so ins Kreuz gefahren, dass sie unruhig von einem Fuß auf den andern stieg: »Kenna S' haben, is alles vorhandn! Damit S' sehgn, was ein Service is, Herr Präsident! – Bitte sehr, fümfaneinzg Euro mit Mehrwertsteuer!«

»Einen Moment! Nur net überstürzen! Sehgn S', bal i mir diese Stachel-Pyramide so oschaug, na fallt mir ei, dass mia amal Guaddln an de Zweig highängt ghabt ham. Und eines Tages in der Früah warn

103

de Butterstückerl alle obissn. Stelln S' Eahna vor, eine Maus hat den Christbaam als Klettergarten benutzt, a so a Luada!«

»Derf i Eahna de Weißtanne jetzt zsammbindn?«, fragte die arg strapazierte Handlerin mit einem hoffnungsvollen Blick. »Derf i, Herr ...«

»Zacherl is mei werter Name, Franz Xaver Zacherl! – Halten S' Frau, aber da müassertn S' no an Ast neibohrn!«

»Selbstverständlich, Herr Zacherl! Werd sofort erledigt.«

»Und der letzte Baam, den ma ghabt ham«, fuhr Zacherl fort, »der war im Schlafzimmer gstandn, glei neba meim Bett. Mit lauters nagelneue farbige Kugeln hab i 'n vollghängt ghabt. Einen ganzen Tag bis in die Nacht nei hab i braucht mi'm Engelshaar und dem Zeug. Wia er ferti war, hab i mi restlos erledigt ins Bett falln lassn. Und was moana S', hat der hinterfotzige Baum to? – Er hat si aa neifalln lassn und auf mi drauf. Das war in einem Augenblick geschehen. Alls war hi! Fürchterli! – Sie, metallene Kugeln gibt's no koa, oder?«

»Nein!«, sagte Kreszentia Pichlmeier und bohrte nebenbei ein Loch in den Stamm.

»Mei, wann mir der Baam nomal umfalln taat?! – Macha S' dees Astl net nei, Frau! Und gebn S' mas, bittschön, her!«

Die Christbaumhandlerin schaute den Pensionisten Zacherl total abgekämpft an, wie er jetzt den Zweig an sich nimmt und sich verabschiedet: »Vergelt's Gott! I hab mas überlegt. I kaaf ma do koan Baam. Dees Astl da steck i mir dahoam hintern Spiagl. Dees tuat's scho! – Bleibn S' gsund, Frau! Adjes!«

LEOPOLD KAMMERER: Der geschenkte Christbaum

»Kummt überhaupts ned in Frage!«, hab ich zu meiner Berta gesagt, wie sie heuer einen Christbaum kaufen wollte. »De san ja stocknarrisch, was die für ein Geld verlangen für ihre rachitischen Nadelstauden. Mir hat ja der Xare scho vor a paar Jahr amoi angeboten, dass ich von ihm einen aus seinem Wald haben könnt, quasi gschenkt, dürft ich mir einen raussuchen, hat er gsagt – weil ich doch damals bei der blöden Gschicht mit seinem Buben, der des Feuer glegt ghabt hat, weil ich doch damals vor Gericht das Maul ghalten hab und hab zum Richter, gesagt, dass ich nix, rein gar nix Genaues gsehen hätt.« – Des is jetzt drei oder vier Jahr her. Und weil des Anfang Dezember war, de Gerichtsverhandlung dortmals, hat der Xari nachher zu mir gsagt, quasi aus Dankbarkeit, hat er gsagt: »Du, wennst vielleicht an Christbaam brauchst, konnst dir aus mein Holz oan rausschneiden, gell!«

»Na also, den ruaf i jetzt einfach o!«, hab ich zu meiner Berta gsagt. Der Xare am Telefon hat sich schon noch erinnert an die haarige Gschicht, aber er hat gmoant, des wär doch scho sechs oder sieben Jahr her, und sei Jungholz von damals – also de Baamerl passerten längst in koa Stuben mehr nei. – Aber, mir taaten scho was finden für mi. Er hätt in der Näh vo Holzkirchen noch ein Fleckerl Wald gerbt, vo seiner Tant, und da steherten genauso oaschichtige Fichterl rum, wia i oans brauchert. I sollt nur kemma.

»Ja, Xare«, hab ich am Telefon gsagt, »des Holzkirchen is ja do a bisserl weit weg vo uns. Hast denn du in deim hiesigen Wald koa übrigs Baamerl? Woaßt, fümfavierzg Kilometer fahren wegen am Christbaam, des is do scho a bröckl weit!«, hab i gsagt. Aber der Xare hat gmoant, er müaßt ja so wieder amoi nüberschaugn in des geerbte Grundstückl, und des passert eahm recht guat – und i sollt nur bei eahm vorbeikemma, na fahrert ma mitanand.

Also bin i am Montag zwegn dem Christbaam zum Xari. O mei, dem hat grad sei Frau an Wagen kaputtgfahren ghabt. – No ja, bei Schnee und Glatteis, da konn's jeden amoi drahn – und na kimmt's bloß no drauf o, was im Weg steht. Beim Xare seiner Frau war's a Hauseck, ui! Der Wagen hat vielleicht oid ausgschaugt!

San ma oiso mit meim Wagen weitergfahren, nach Holzkircha. Bei Schnee und Eis hamma fast a Stund braucht für de fümfavierzg Kilometer, bis mi der Xare von der Bundesstraß weg in a Waldstückl einidirigiert. Aber des war ned des seinige. Der Fleck, den er vo seiner Tant gerbt ghabt hat, der is no etla Querschneisen und Winkl weit weggwesen.

»Da kumma ma jetzt mim Auto nimmer hi«, hat der Xare behauptet, und wia mia aussteigen, sagt er no: »Nimm glei de Sag mit, weil ma no a guts Stückl zum geh ham!«

»Was für a Säg?«, frag i ganz unschuidig. »No, dei Sagl hoit, zum Baamabschneiden! Oder bist du a Biber, dass d'n abbeißen möchst?«

»Ah, jetzt werds recht! I hab doch koa Säg dabei. I hab mi doch drauf verlassen, dass du, ois Waldbesitzer, a Säg im Auto hast!« – »Hätt i aa – aber mia ham ja mein Wagen ned dabei!« – »Und somit aa koa Säg!«, stell i fest. »Ja, varreck, Kaffähaus! Naa, so was Damisches«, lacht der Xare laut auf, »fahrt der zum Tannabaamabschneiden und nimmt ned amoi a Sagl mit! Na kinna ma glei wieder hoamfahren! Oder, pass auf! Jetzt fahr ma halt auf Holzkircha nei, irgadwo wern ma scho a Handsagl z'kaufa kriagn!« Oiso, kehrt marsch!

Jessas, war des a Schinderei, mim Wagen na des Umdrahn in dem verschneiten Woidstückl, und dreimoi san ma steckablieben, bis mei Wagen endle wieder auf der Bundesstraß gstanden is. Sau-Winterweder!

»Denk dir nix«, sagt der Xare, »wenn mia vo Holzkircha zruck san, kennst de varreckte Woidstreck scho und tuast de vui leichter!«

No ja, in Holzkirchen hab i na tatsächle so a Baumsäg z'kaufen kriagt – hat an Haufa Geld kost – aber, was Glumperts wui ma dann doch ned kaufen, hat der Xare aa gmoant – und a Säg konn ma ja oiwei wieder brauchen! Oiso, weil ma scho da waren und weils aa grad Zeit war, san ma na no zum Oberwirt eine und ham a kräftige Brotzeit gmacht, zwengs der Stärkung. Na san ma wieder nausgfahren zu dem Waldstückl hin, des der Xare gerbt ghabt hat!

Oiso, mei Liaber, es gibt scho so Erbschaften, de sollt ma liaber glei gar ned otreten! De Tant muaß ja dem Xare bitterbös gwesen sei, wia s' eahm des verhungerte Waldranderl überschrieben hat! Ein spitz zualaufada Hangstreifen, mit dem ma scho rein überhaupts nix ofanga ko ois wia vielleicht Brennnessel züchten. Beim schlechten Weder kunnts da mit koam Panzerwagen hifahrn. Mia ham uns aa de letzten achthundert Meter über Stock und Stoa z' Fuaß durchegrauft. Wia ma na endlich dort waren, wo der Xare sagt: »Des is der Grundstücksstroafa vo der Tant, der mir ghört«, da war i baff und wirkle sprachlos. Auf dem ganzen langa Darm vo dem sogenannten Erbgrundstück, da hätt ma ned oan schöna Tannabaam rausschneiden könna! Und zwar aus zwoa Begründungen: Erstens waar jeder gfällte Baam scho im Nachbarn sein Grund zum liegen kumma, und zwoatens war auf dem lächerlichen Randstroaferl ned oa oanziger aufrechter Baam gwachsen. Buschwerk und Hollerstauden und drei oder vier ewiglange dürre Fichtenstangan, aus dene scho der Borkenkäfer auszogen war, wegen Unterernährung. Dann hab i no a paar vo de Reh verbissene Krüppelfichterl ohne Spitz gfunden. Erst am äußersten End vo dem Handtuachgrundstückl hab i a kropferts Fichterl ausgmacht, des zwar bloß an oaner Seiten Äst, aber dafür zwoa Gipfe ghabt hat. »No ja, wenn dir der gfallt«, moant der Xare, »na schneidst 'n um!« In Gotts Nam – weil nix Bessers da war, hab i halt den doppelt gekröpften greisligen Kümmerling umgsagelt. Wiar er in Schnee einibräselt, nörgelt der Xare nervös rum: »Jetzt mach a bissl fix, bevor no jemand daherkimmt, wia's der Teife wui. I glaub nämle jetzt fast, der is scho auf'n Nachbarn sein Grund gstanden!«

Oiso hab i des oaseitig zahnluckerte Prachtstück bucklat und hetzert zum Auto gschleppt. Aber da war des Gstangl na doch z' lang für'n Kofferraum. Dreimoi hab i 'n vo unt her asageln müassen. Genau bis dahi, wo er so komisch kropfert war und zwoa oder drei Jahr koane Äst ogsetzt ghabt hat. Oiso akkurat so, dass er unt rum armselig nackert ausgschaugt hat. »Muaßt halt a paar Löcher bohren und drei oder vier Astl künstlich eisetzen!«, hat der Xare vorgschlagen. Na is de Missgeburt von einem Hungerfichterl endlich ins Auto eineganga. Bloß, wia der Xare de Heckklappen wuchtig zuahaut, hat er ma alle zwoa Gipfe abgschlagen, weils im letzten Moment nausgschnellt waren. »Ach was! Spitz brauchst ja koan«, hat der Xare gmoant, »hat ja der Adventskranz in der Kirch aa koan!« –

Oiso nix wia hoam jetzt! Beim Ruckwärtsfahren bin i na wieder zwoamoi steckablieben. Muaß irgendwo im Schnee so a varrecktes Trumm Stachedraht glegen sei, weils ma mein Hinterreifen zrissen hat. Oiso, in dera Stellung hab i ned amoi selber mein Reifen wechseln könna, und mir hätten den Karren alloa sowieso nia mehr aus dem Waldstückl rausbracht. Ham ma oiso aus Holzkircha an Abschlepper braucht. War fei scho a müahsam's Abenteuer, des mit dem gschenkten Christbaam! Genau betrachtet, doch recht unwirtschaftlich! Wenn i so nachrechnet, 's Benzin, de kaufte Säg, de zehn Mass Bier zu der Brotzeit (der Xare fümfe und i fümfe!), und na der Abschleppdienst und der neue Reifen – oiso, des war ned bloß der greisligste, sondern aa der teuerste Tannabam, der mir jemois mei weihnachtliche Stubn verschönt hat. – Aber! Oan Vorteil hat er doch ghabt, der gschenkte Baam. I hab 'n ned lang oschaugn müssen! Am 2. Feiertag, wia 'n mei Frau nomoi ozündt, da müssen se a paar vo de eingesetzten Astl glöst ham unter dem Gwicht vo de Kerzen. Jedenfois hat er auf oamoi brennt, der dürre Varrecker – und der Vorhang aa!

Oiso, den Zimmerbrand hab i na scho no unter Kontrolle bracht. Aber der Teppich war halt hi, und an Maler ham ma nachher braucht. –

Oiso, alles in allem – billig is er ma ned kemma, der gschenkte Christbaam!

LIESELOTTE WEIDNER: Aber der Hans, der kann's

Mir gangst, hat er gsagt, der Hans. A Christbaam wead net kafft, der wead aus'm Woid hoamtragn! A ganze Stund lang hats gredt und bettelt, die Franzi, aber des war das letzte Wort von ihrem Hansl.
Dabei war der Hans ein herzensguter und gewissenhafter Mensch. Net an oanzigen fremden Bleistift oder bloß a Zündhölzl hätt der oglangt. Aber was an Christbaam ogeht, hat der sei eigene Weltanschauung. So hat nacha da Hans recht spät »Pfüa Gott« gsagt zu seiner Franzi, und der is nix Guats vorganga.
Wia ara echt Wilderersfrau hat ihr 's Herz klopft. Wenn da Wind gegn an Ladn grumpelt is, is s' zammzuckt, und wenn irgendwo a Hund ogschlagn hat, na hat s' scho von an Schandi traamt.
Zwölfe is's wordn, nix hat se grührt. Koa Hans is kemma. In da Fruah war koa Hansl mehr da, aba a Duft is von da Waschhaustür durchs ganze Haus zogn – würzig, frisch und weihnachtlich. Ma muaß scho sagn, da Hans hat ganze Arbat gleist. A Mordstrumm Baam war des und gradgwachsn. Die Franzi is davor higstandn und hat an tiafn Schnauferer to, aber net bloß zwengs da guadn Luft. Die Franzi war so froh, dass nix passiert is.
A paar Tag später, koana hat mehr an den Baam denkt, da wead die Franzi in a Gespräch verwickelt. Wia's hoit so is, wennst eikaffst, kimmst ins Ratschn. Ma wart, bis ma dro is zum Sachzahln, oder draußn vorm Ladn fallt oiwei no a weng Zeit zua an Schwatz ab. Grad so is's da Franzi ganga.
Und heit war die junge, blonde Frau da. An Nama hat die Franzi nimma gwusst, des war ja aa net wichtig. Wia s' oiso fertig warn min Gäidausgebm, da san die zwoa scho mittndrin in die Weihnachtsvorbereitungen. San ja bloß no a paar Tag. »Ja«, sagt die junge, zierliche Frau, »einen Weihnachtsbaum hab ich noch nicht. – Wenn man nur einmal einen wirklich frischen bekäme. Was da so zum Verkauf herumsteht, hält nur ein paar Tage, und dann ist es aus mit der Pracht. Meine kleine Tochter ist immer sehr traurig, wenn der Baum so schnell wieder fort ist.«
Die Franzi hat die junge Frau, die erst vor einem halben Jahr zugezogen ist, aufrichtig gern. Sie hat sogar das Gefühl, dass man dieser ab und zu ein wenig helfen müsse, um ihr die Eingewöhnung zu erleichtern. So platzt sie auf einmal los von ihrem Baum in da Waschküch und wia der riacht und dass der ganz gwiß bis Liachtmess

koa Nadl hergibt, und an Wuchs hat der – und dabei lacht s' übers ganze rundliche Hausfrauengsicht.

Für die Franzi wars schon a abgmachte Sach, dass no a Christbaam hermuaß, aba a frischer. Ihr Hansl is oana, der kennt die Schlich, der woaß se z'helfa, aa wenn a Förster kimmt. Wia a routinierter Wilderer aus'm Roman wead jetzt der arme Hans der Bekannten geschildert. Jawoi, der machts, der bringt für des kloane Deandl den frischestn Baam, den S' Eahna nur denka kenna.

»Und vor der Polizei, da hat Ihr Mann auch keine Angst?«, fragt jetzt fast schüchtern die fremde Frau. »Naa, vor der hat mei Mo koa Angst!« Die Franzi sprach's im Brustton der Überzeugung. Wo war auf einmal die Angst geblieben, die sie selbst nicht schlafen ließ! Wie war das mit dem Streit, den sie mit ihrem Hans gehabt hat, bevor er in den Wald gegangen ist – alles vergessen. Ganz warm is ihr ums Herz wordn vor lauter Weihnachtsfreid. Und dann kommt ihr noch a ganz guade Idee. Die Frau, zu der die Franzi meistens nur »Sie« sagt, weil ihr der Name nicht einfällt, soll doch einfach ihren Mann mitgehn lassn.

Zwoa Manna kenna doch den Baam vui besser tragn und überhaupts … Da sieht die junge Frau der Franzi ganz treuherzig in die Augen, so wie es unter echten Freundinnen geschieht, ohne Falsch und ohne Spott. Erst sagt sie gar nichts, dann langsam zögernd, kommt es von ihren Lippen: »Ach wie schön wäre das alles gewesen, wie romantisch. Aber wir können uns so etwas nicht leisten.«

»Warum?«, entfährt es der Franzi, und sie schaut dabei noch immer gespannt in das freundliche Gesicht der Neuzugezogenen.

»Mein Mann ist doch Staatsanwalt«, sagt die mit einem Lächeln, in dem fast etwas wie traurige Resignation liegt.

Josef Fendl: Christbaum-Topografie

Sie, ob Sie s glaubn oder net: Bisher habn mir in unserm Wohnzimmer an Christbaam allerweil zwischn zwoa Extreme gstellt, nämlich zwischn Bücherwand und Fernseher, also zwischn Ying und Yang gewissermaßen. Dös is bis jetzt ganz guat gangen, bis uns a Freundin von oaner unserer Töchter aufklärt hat, dass dös a absolutes No-Go is. Weil, da woaß ja der arme Baam net, auf welchener Seitn er seine magischn Kräfte auslebn soll. Da is einfach dös Spannungsfeld zwischn Wissenschaft und Bla-bla-Gerät sauber z groß. Da is der Baam restlos überfordert, und dös is aa der Grund dafür, dass er allerweil scho am Heilign Abend dö meistn Nadln verlorn ghabt hat.

Jetz habn mir auf den Rat der Freundin – die studiert im zwölftn Semester Psychologie und is jetz grad dabei, ihrn Bachelor z macha – jetz habn mir also den Christbaam zwischn der Chaiselongue und der Tür zum Wohnzimmer aufgstellt, weil da dös Karma von dem Baam am leichtesten rein- und rauskann. Allerdings habn mir jetz scho dös vierte Sortiment Christbaamkugln hinhänga müassn, weil s sogar in der eigenen Familie Leut gibt, dö vor lauter Weihnachtsstress dö Tür net sachte, sondern mit Schwung aufmachen. Dös hat sogar die Psychologin eingsehn und uns gratn, den Baam auf einem Servierwagerl zu platzieren. So kann er zu seiner Persönlichkeitsfindung leicht in verschiedene Positionen bracht werdn. Aber anscheinend hat er den ständigen Ortswechsel net so recht verkraft. Obwohl: i glaub eher, dass er – medizinisch gseghn – die notwendigen Amputationen net derpackt hat. Er is jetz nämli bloß noch ungefähr achzg Zentimeter groß. Dös Argument hat sogar die Psychologin eingsehn, obwohl s erst im zwölftn Semester is.

Die künftige Frau Bachelor hat sich mit ihrer Professorin beraten und hat gmoant, dass mir eigentlich den günstigsten Standort im Einklang mit den Feng-Shui-Gesetzen auspendln solltertn. Dös habn mir dann aa gmacht. Und moanen S, was da außerkemma is? Dös glaubn S net: Der ideale Standpunkt waar unser Kachelofen, aber net obn, sondern unt, oder besser gsagt: drin. Damit waar angeblich das Problem gelöst. Und genau a so habn mirs gmacht. Sie seghn: Es geht halt nix über a fundierte psychologische Beratung …!

Oder was moanen Sie? Soll i Eahna ebba dö Adress von der Frau Bachelor in spe aufschreibn? Für den Fall, dass Sie aa entsprechende Schwierigkeiten habn. I moan grad prophylaktisch, also für den Fall des Falles … Sie müassn ja net …

Jutta Makowsky: Christbaum für die Katz

Die schönste Arbeit vom ganzen Jahr ist das Christbaumschmücken. Die zweitschönste ist das Ostereierfärben. Dann kommt eigentlich lang keine schöne Arbeit mehr.

Bei Bergmüllers schmückt immer die Mama den Christbaum, obwohl die Kinder, Robert und Evelyn, schon längst groß genug wären, ihr dabei zu helfen. Aber da ist die Mama ganz eigen. Früher, als Robert und Evelyn noch klein waren, haben sie geglaubt, das Christkindl persönlich sei da im Weihnachtszimmer zugange, und nur die Mama dürfe ihm ein bisschen dabei helfen. Inzwischen hat die Mama das Christbaumschmücken jedoch so gut gelernt, dass sie gar kein Christkindl mehr dazu braucht; ihre Christbäume werden von Jahr zu Jahr schöner. Vor allem mag sie die Strohsterne; jedes Jahr werden schönere, zartere, dazugebastelt. Aber auch die verunglückten, die Robert und Evelyn vermurkst haben, als sie noch klein waren, hängt sie auf. Weil jeder Stern an einem ganz zarten Faden aufgehängt wird, sodass es aussieht, als schwebe er in der Luft, braucht die Mama mehrere Stunden dazu.

Papa und Kinder müssen also am Vormittag des Heiligen Abends mehrere Stunden spazierengehen. Irgendwo essen sie dann eine Bratwurst. Die Mama will bei der schönsten Arbeit des Jahres allein sein.

In diesem Jahr ist sie freilich nicht ganz allein, weil Schnurrli da ist. Schnurrli ist ihnen vor ein paar Monaten als armes verlassenes kleines Kätzchen zugelaufen und gehört seitdem zur Familie. Jetzt ist er kein armes verlassenes Kätzchen mehr, sondern ein kluger und überaus neugieriger Kater. Alle Katzen sind neugierig, aber Schnurrli ist noch neugieriger als alle anderen. In kurzer Zeit hat er gelernt, sich jede Türe selber aufzumachen, indem er auf die Klinke springt. Wenn irgendwo eine Schranktür oder eine Schublade nur einen Spalt offensteht, muss Schnurrli da hinein und schauen, was los ist. Er bemerkt jede kleinste Veränderung im Haus und gibt zu verstehen, dass er sie bemerkt hat.

In letzter Zeit beobachtet Schnurrli, dass da viel mit Papier und Schnur herumgekruschelt wird, und er findet das interessant. Er beteiligt sich an den Weihnachtsvorbereitungen, indem er Nüsse durchs Zimmer rollt, sich mit den Krallen in Paketschnur verheddert und offenstehende Schachteln sofort als Katzenbett beschlagnahmt. Das Allerinteressanteste ist aber heute morgen passiert, als seine Menschen plötzlich einen Baum ins Zimmer gestellt haben.

Schnurrli schaut aufmerksam zu, wie die Mama den Baum schmückt; er verfolgt alle ihre Bewegungen. »Du machst mich nervös, Schnurrli«, sagt die Mama, »kusch dich!«

Zu einem Hund kann man »kusch« dich« sagen, aber niemals zu einer Katze. Schnurrli denkt gar nicht daran, sich zu kuschen. Er springt auf den Schrank, weil er von dort den besseren Überblick hat. Was soll bloß der Baum im Zimmer? Und was hängt das Frauli da für seltsame Sachen dran? Wie das bammelt! Schnurrli hätte schon Lust, mit den Pfoten danach zu angeln, aber erst mal abwarten. Jetzt steckt sie auch noch so komische lange rote Dinger auf die Äste. Schnurrli wird schon noch ergründen, was das alles zu bedeuten hat; ihm macht man nichts vor. Endlich ist die Mama fertig. Der Baum ist so schön geworden wie noch nie. Am liebsten würde sie nur dasitzen und den Baum anschauen – aber sie muss in die Küche und das Essen vorbereiten: den Gansbraten ins Rohr schieben, die Knödel drehen. Die Mama hat viel zu tun.

Schnurrli hat auch viel zu tun. Bäume sind zum Klettern da. Und deshalb, denkt der kluge Kater, ist dieser Baum einwandfrei für mich! Bloß das hinderliche Zeug muss man erst mal abräumen. Die komischen langen roten Dinger lassen sich mit gezieltem Pfotenschlag leicht auf den Boden schmeißen. Schwieriger ist es mit dem Gebammel, weil man mit den Krallen drin hängenbleibt. Aber in fleißiger Arbeit schafft Schnurrli auch die Strohsterne. Als der Papa und die Kinder heimkommen, und sie alle »Stille Nacht« singen wollen, finden sie im Weihnachtszimmer einen abgerupften Baum und auf dem obersten Ast eine Katze mit leuchtenden grünen Augen. Alle Katzen haben leuchtende Augen, aber so was Grünfunkelndes wie die von Schnurrli, das gibt's nur einmal.

»Psst«, unterdrückt Robert Mamas Schreckensschrei, »das muss ich knipsen!«

Alle halten sich den Mund zu, während Robert den Fotoapparat holt, aber das wär gar nicht nötig gewesen: Schnurrli weiß sehr gut, dass er der absolute Star des Abends ist und rührt sich nicht von der Stelle. Der Baum gehört ihm!

Es ist ein wunderbares Bild geworden, das Mama als verspätetes Weihnachtsgeschenk von ihren Lieben bekommt. Robert hat es vergrößern lassen, Papa hat es gerahmt und Evelyn hat in Schönschrift druntergeschrieben: »Christbaum für die Katz!«

Monika Pauderer: Alles dreht sich um Weihnachten!

Weihnachten kommt »Alle Jahre wieder«. Es ist das schönste Fest im Jahr, zumindest möchte man es dazu machen und überlegt schon Wochen und Wochen vorher, wie man das zuwege bringen kann.

Zuerst einmal zerbricht man sich den Kopf wegen der Geschenke, stellt Listen auf, wer aller bedacht werden soll, muss und möchte. Dann kramt man im Speicher seines Erinnerungsvermögens nach, ob nicht der eine oder die andere irgendwann einmal unterm Jahr einen besonderen Wunsch geäußert hat oder irgendeinen Gegenstand mit sehnsüchtigen oder haben-möchtigen Augen betrachtete, sodass man sich beim Rätselraten ums Freudemachen und Überraschen vielleicht ein wenig leichter tun könnte.

Wenn man in diese Richtung fündig geworden ist – oder auch nicht –, die Angelegenheit auf die etwas längere Bank schieben oder als erledigt abhaken kann, dann kommen die Überlegungen um die Gestaltung des Festes zum Zuge. Essen und Trinken stehen dabei fast an erster Stelle, aber auch die Dekoration des Weihnachtszimmers ist in keiner Weise unwichtig! Nach Tannennadeln und Harz riecht es zwar schon seit den letzten Adventswochen, wenn der Kranz mit den vier Kerzen allmählich seine Nadeln abstreift. Und auch die Weihnachtsplätzchen, die ja unter die Kategorie »Essen« fallen, haben längst die Räume und auch das Treppenhaus mit ihrem süßen Duft nach Zimt und Nelken, nach Anis und Mandeln erfüllt. Vielleicht gibt es hin und wieder Bratäpfel oder Glühwein, denn Weihnachten ist doch die Zeit der Erwartung und damit dieses Warten nicht langweilig wird, darf man es sich ein wenig versüßen und sich an den Gedanken über kommende Freuden erwärmen.

Das allerwichtigste »Dekorationsstück« in der guten Stube ist natürlich der Weihnachtsbaum. Für andere Leute steht eventuell die Weihnachtskrippe an erster Stelle. Aber ohne Baum ist es für viele Menschen eben nicht richtig Weihnachten – und sei es auch nur ein winziges Bäumchen, das draußen am Balkon, im verschneiten Garten oder vielleicht auch auf dem Grab eines geliebten, verstorbenen Menschen steht.

Je kleiner die Kinder in einer Familie sind, umso größer gerät der Christbaum. Das ist beinahe schon eine Faustregel. Und womit man diesen Baum schmückt, das ist zum einen von Familie zu Familie verschieden und ändert sich wohl auch im Laufe der Jahre: vom »Kinderbaum« mit süßen, bunten Leckereien, zum »Altenbaum«, den vielleicht nur noch ein paar echte Honigwachskerzen zieren. Dass zum Christbaum aber ein spezielles Leuchten gehört, nämlich das von Kerzenlicht, das bleibt unbestritten, mögen diese Kerzen nun »echt« oder elektrisch sein.

Die Familie Neumann, das heißt Vater Gerhard, hatte sich dieses Jahr etwas Besonderes einfallen lassen. Ein neuer Christbaumständer war fällig, vom alten blätterte schon die Farbe ab und weil er ein Wasserreservoir für den Baum hatte, fing er auch zu rosten an. Kurz gesagt, der Ständer war nicht mehr schön und hätte nur mit einigem Aufwand wieder aufgefrischt werden können. Die Zeit dafür hatte Vater Neumann aber nicht oder wollte sie sich nicht nehmen. Er kaufte einen neuen Christbaumständer, natürlich verstellbar für diverse Baumstärken, und, was das Extravagante daran war, mit einem Musikwerk. Der Ständer spielte die »Stille Nacht« und der darin festgesteckte Baum drehte sich leise und langsam zu dieser Melodie. So weit – so gut und schön, zumindest in der Vorstellung von Gerhard Neumann.

Seine Frau Mimi war skeptischer, als sie die neue Errungenschaft zu sehen bekam. Ein sich drehender Weihnachtsbaum war ein wenig merkwürdig für ihre Vorstellungskraft. Aber nun ja, das Kind will spielen, auch wenn es sich um ein ausgewachsenes Mannsbild handelt.

Der Christbaum wurde eingepasst, mit Kugeln und kleinen roten Äpfelchen geschmückt. Ein paar vergoldete Nüsse hingen auch daran, und so absolvierte er seinen Probelauf. Alles ging wunderbar. Die Spieldose klimperte, der Baum drehte sich, langsam und gelassen wie bei einem Menuett, und alles machte einen wirklich ansprechenden Eindruck. Nun bekam der Weihnachtsbaum seinen endgültigen Stellplatz in der Zimmerecke vor dem großen Balkonfenster und wurde zu Ende geschmückt – mit den elektrischen Kerzen, die Mimi möglichst gleichmäßig im Geäst verteilte. Der Weihnachtsabend konnte kommen. Er kam auch.

Die Geschenke lagen auf dem Tischchen unter dem Baum. Die Kerzen wurden angedreht und das Spielwerk in Betrieb gesetzt. Das Glöckchen klingelte die Kinder herbei, die, wie alle Jahre wieder, zuerst ins Zimmer drängelten und dann mit staunenden Augen an der Tür stehen blieben. Der Baum drehte sich, langsam und bedächtig. Die »Stille Nacht« erklang, zart und silbern. Das Kabel der elektrischen Kerzen wickelte sich bedächtig und langsam um den Baum, fesselte die Zweige, quetschte Kugeln ein. Die »Stille Nacht« klimperte zart und silbern. Bis es einen Ruck gab: Der Baum, in seiner Drehbewegung durch den Kabelsalat gehemmt, wollte sich energisch aus dieser Umklammerung befreien. Zuerst stolperte das Spielwerk und stotterte und knirschte und knackte, dann gab es einen silberhellen Knall und die Musik lief rückwärts. Das heißt, das Werk war völlig aus den Fugen geraten, der Baum drehte sich nicht mehr langsam und bedächtig, sondern fing an zu rotieren, schneller und immer schneller. Er rockte! Die Kerzenkabel wurden aus der Steckdose gerissen, sie entrollten sich um die Äste, diese hoben sich, als wolle der Baum zu fliegen anfangen, breiteten sich immer weiter und weiter aus. Kugeln schossen durchs Zimmer. Äpfel knallten an den fassungslosen Betrachtern dieses Schauspiels vorbei an die Wände. Der Baum wickelte sich in den Vorhang, der durch den Luftzug in Bewegung geraten war. Die Fliehkraft entfaltete so einen Schwung, dass sich die Gardinenleiste langsam bog. Wie war dieser rasende Christbaum zu bändigen? Zu viert hängten sich die Neumanns ins Geäst. Ihre Gesichter wurden zerkratzt. Sie wurden von den Zweigen geohrfeigt. Schließlich bekamen sie den Baum doch in ihre Gewalt. Aber vielleicht nur, weil das Drehwerk endgültig seinen Geist aufgegeben hatte, wobei aus dem Christbaumständer leise, gar nicht weihnachtlich duftende Rauchwölkchen aufstiegen.

In diesem Jahr hatte sich bei den Neumanns wirklich alles um Weihnachten gedreht.

KARL HEINRICH WAGGERL: Die stillste Zeit im Jahr

Immer am zweiten Sonntag im Advent stieg der Vater auf den Dachboden und brachte die große Schachtel mit dem Krippenzeug herunter. Ein paar Abende lang wurde dann fleißig geleimt und gemalt, etliche Schäfchen waren ja lahm geworden, und der Esel musste einen neuen Schwanz bekommen, weil er ihn in jedem Sommer abwarf wie ein Hirsch sein Geweih. Aber endlich stand der Berg wieder wie neu auf der Fensterbank, mit glänzendem Flitter angeschneit, die mächtige Burg mit der Fahne auf den Zinnen und darunter der Stall. Das war eine recht gemütliche Behausung, eine Stube eigentlich, sogar der Herrgottswinkel fehlte nicht und ein winziges ewiges Licht unter dem Kreuz. Unsere Liebe Frau kniete im seidenen Mantel vor der Krippe, und auf der Strohschütte lag das rosige Himmelskind, leider auch nicht mehr ganz heil, seit ich versucht hatte, ihm mit der Brennschere neue Locken zu drehen. Hinten standen Ochs und Esel und bestaunten das Wunder. Der Ochs bekam sogar ein Büschel Heu ins Maul gesteckt, aber er fraß es ja nie. Und so ist es mit allen Ochsen, sie schauen nur und schauen und begreifen rein gar nichts.

115

Weil der Vater selber Zimmermann war, hielt er viel darauf, dass auch sein Patron, der heilige Joseph, nicht nur so herumlehnte, er dachte sich in jedem Jahr ein anderes Geschäft für ihn aus. Joseph musste Holz hacken oder die Suppe kochen oder mit der Laterne die Hirten einweisen, die von überallher gelaufen kamen und Käse mitbrachten oder Brot oder was sonst arme Leute zu schenken haben.

Es hauste freilich ein echt ungläubiges Volk in unserer Krippe, ein Jäger, der zwei Wilddiebe am Strick hinter sich herzog, aber auch etliche Zinnsoldaten und der Fürst Bismarck und überhaupt alle Bresthaften aus der Spielzeugkiste.

Ganz zuletzt kam der Augenblick, auf den ich schon tagelang lauerte. Der Vater klemmte plötzlich meine Schwester zwischen die Knie, und ich durfte ihr das längste Haar aus dem Zopf ziehen, ein ganzes Büschel mitunter, damit man genügend Auswahl hatte, wenn dann ein golden gefiederter Engel darangeknüpft und über die Krippe aufgehängt wurde, damit er sich unmerklich drehte und wachsam umherblickte.

Das Gloria sangen wir selber dazu. Es klang vielleicht ein bisschen grob in unserer breiten Mundart, aber Gott schaut seinen Kindern ja ins Herz und nicht in den Kopf oder aufs Maul. Und es ist auch gar nicht so, dass er etwa nur Latein verstünde.

Mitunter stimmten wir auch noch das Lieblingslied der Mutter an, das vom Tannenbaum. Sie beklagte es ja oft, dass wir so gar keine musikalische Familie waren. Nur sie selber konnte gut singen, hinreißend schön für meine Begriffe, sie war ja auch in ihrer Jugend Kellnerin gewesen. Wir freilich kamen nie über eine Strophe hinaus. Schon bei den ersten Tönen fing die Schwester aus übergroßer Ergriffenheit zu schluchzen an. Der Vater hielt ein paar Takte länger aus, bis er endlich merkte, dass seine Weise in ein ganz anderes Lied gehörte, etwa in das von dem Kanonier auf der Wacht. Ich selber aber konnte in meinem verbohrten Grübeln, wieso denn ein Tannenbaum zur Winterzeit grüne Blätter hatte, die zweite Stimme nicht halten. Daraufhin brachte die Mutter auch mich mit einem Kopfstück zum Schweigen und sang das Lied als Solo zu Ende, wie sie es gleich hätte tun sollen.

Advent, sagt man, sei die stillste Zeit im Jahr. Aber in meinem Bubenalter war es keineswegs die stillste Zeit. In diesen Wochen lief die Mutter mit hochroten Wangen herum, wie mit Sprengpulver geladen, und die Luft in der Küche war sozusagen geschwängert mit Ohrfeigen. Dabei roch die Mutter so unbeschreiblich gut, überhaupt ist ja der Advent die Zeit der köstlichen Gerüche. Es duftet nach Wachslichtern, nach angesengtem Reisig, nach Weihrauch und Bratäpfeln. Ich sage ja nichts gegen Lavendel und Rosenwasser, aber Vanille riecht doch eigentlich viel besser, oder Zimt und Mandeln.

Mich ereilten dann die qualvollen Stunden des Teigrührens. Vier Vaterunser das Fett, drei die Eier, ein ganzer Rosenkranz für Zucker und Mehl. Die Mutter hatte die Gewohnheit, alles Zeitliche in ihrer Kochkunst nach Vaterunsern zu bemessen, aber die mussten laut und sorgfältig gebetet werden, damit ich keine Gelegenheit fände, den Finger in den köstlichen Teig zu tauchen. Wenn ich nur erst den Bubenstrümpfen entwachsen wäre, schwor ich mir damals, dann wollte ich eine ganze Schüssel voll Kuchenteig aufessen, und die Köchin sollte beim geheizten Ofen stehen und mir dabei zuschauen müssen! Aber leider, das ist einer von den Knabenträumen geblieben, die sich nie erfüllt haben.

Am Abend nach dem Essen wurde der Schmuck für den Christbaum erzeugt. Auch das war ein unheilschwangeres Geschäft. Damals konnte man noch ein Buch echten Blattgoldes für ein paar Kreuzer beim Krämer kaufen. Aber nun galt es, Nüsse in Leimwasser zu tauchen und ein hauchdünnes Goldhäutchen herumzublasen. Das Schwierige bei der Sache war, dass man vorher nirgendwo Luft von sich geben durfte. Wir saßen alle in der Runde und liefen blaurot an vor Atemnot, und dann geschah es eben doch, dass jemand plötzlich niesen musste. Im gleichen Augenblick segelte eine Wolke von glänzenden Schmetterlingen durch die Stube. Einerlei, wer den Zauber verschuldet hatte, das Kopfstück bekam jedenfalls ich, obwohl es nur bewirkte, dass sich der goldene Unsegen von Neuem in die Lüfte hob. Ich wurde dann in die Schlafkammer verbannt und musste Silberpapier um Lebkuchen wickeln, um ungezählte Lebkuchen.

Kurz vor dem Fest, sinnigerweise am Tag des ungläubigen Thomas, musste der Wunschzettel für das Christkind geschrieben werden, ohne Kleckse und Fehler, versteht sich, und mit Farben sauber ausgemalt. Zuoberst verzeichnete ich anstandshalber, was ja ohnehin von selber eintraf, die Pudelhaube oder jene Art von Wollstrümpfen, die so entsetzlich bissen, als ob sie mit Ameisen gefüllt wären. Darunter aber schrieb ich Jahr für Jahr mit hoffnungsloser Geduld den kühnsten meiner Träume, den Anker-Steinbaukasten, ein Wunderwerk nach allem, was ich davon gehört hatte. Ich glaube ja heute noch, dass sogar die Architekten der Jahrhundertwende ihre Eingebungen von dorther bezogen haben.

Aber ich selber bekam ihn ja nie, wahrscheinlich wegen der ungemein sorgfältigen Buchhaltung im Himmel, die alles genau verzeichnete, gestohlene Zuckerstücke und zerbrochene Fensterscheiben und ähnliche Missetaten, die sich durch ein paar Tage auffälliger Frömmigkeit vor Weihnachten auch nicht mehr abgelten ließen.

Wenn mein Wunschzettel endlich fertig vor dem Fenster lag, musste ich auch noch den für meine Schwester schreiben. Ungemein zungenfertig plapperte sie von einer Schlafpuppe, einem Kramladen, lauter albernes Zeug. Da und dort schrieb ich wohl ein heimliches »Muss nicht sein« dazu, aber vergeblich. Am Heiligen Abend konnte sie doch eine Menge von Früchten ihrer Unverschämtheit ernten.

Der Vater, als Haupt und Ernährer unserer Familie, brauchte natürlich keinen Wunschzettel zu liefern. Für ihn dachte sich die Mutter in jedem Jahr etwas Besonderes aus. Ich erinnere mich noch an ein Sitzkissen, das sie ihm einmal bescherte, ein Wunderwerk aus bemaltem Samt, mit einer Goldschnur eingefasst. Er bestaunte es auch sehr und lobte es überschwenglich, aber eine Weile später schob er es doch heimlich wieder zur Seite. Offenbar wagte es nicht einmal er, auf einem röhrenden Hirschen zu sitzen, mitten im Hochgebirge.

Für uns Kinder war es hergebracht, dass wir nichts schenken durften, was wir nicht selber gemacht hatten. Meine Schwester konnte sich leicht helfen, sie war ja immerhin ein Frauenzimmer und verstand sich auf die Stickerei oder sonst eine von diesen hexenhaften Weiberkünsten, die mir zeitlebens unheimlich gewesen sind. Einmal nun dachte auch ich etwas Besonderes zu tun. Ich wollte den Nähsessel der Mutter mit Kufen versehen und einen Schaukelstuhl daraus machen, damit sie ein wenig Kurzweil hätte, wenn sie am Fenster sitzen und meine Hosen flicken musste. Heimlich sägte ich also und hobelte in der Holzhütte, und es geriet mir alles vortrefflich. Auch der Vater lobte die Arbeit und meinte, es sei eine großartige Sache, wenn es uns nur auch gelänge, die Mutter in diesen Stuhl hineinzulocken.

Aber aufgeräumt, wie sie am Heiligen Abend war, tat sie mir wirklich den Gefallen. Ich wiegte sie, sanft zuerst und allmählich ein bisschen schneller, und es gefiel ihr ausnehmend wohl. Niemand merkte jedenfalls, dass die Mutter immer stiller und blasser wurde, bis sie plötzlich ihre Schürze an den Mund presste – es war durchaus kein Gelächter, was sie damit ersticken musste. Lieber, sagte sie hinterher, weit lieber wollte sie auf einem wilden Kamel durch die Wüste Sahara reiten, als noch einmal in diesem Stuhl sitzen! Und tatsächlich, noch auf dem Weg zur Mette hatte sie einen glasigen Blick, etwas seltsam Wiegendes in ihrem Schritt.

JUTTA MAKOWSKY: Biblische Ereignisse

Bastelfreudige Väter sind schon manchmal ein Kreuz. Bereits im Oktober pflegen solche Männer unruhig zu werden. Da heißt es eines Abends: Was könnte ich machen?
»Lass es diesmal sein«, sagt die Frau, »du bist doch schon überarbeitet.«
»Was ich machen könnte ...«, grübelt der Mann.
»Sie kriegen Schlittschuhe«, sagt die Frau, »die kannst du nicht machen. Lass es diesmal sein.«
Das Kinderzimmer ist bereits vollgestopft mit Selbstgemachtem: Kaufladen, Schaukelpferd, Puppenmöbel, alles reizende Sachen, zugegeben, wenn sie fertig sind. Aber *bis* sie fertig sind! Die Frau hat da so ihre Erfahrungen.
»Sie haben doch schon alles«, versucht sie es noch einmal, »ruh dich lieber ein bisschen aus vor dem Fest, du hast es nötig.« Der Mann hat nur den ersten Teil ihrer Rede gehört. »Eben«, sagt er, »es müsste mal was ganz anderes sein. Was wirklich Originelles.« Die Frau gibt es auf. Der Mann grübelt.
Eines Tages bringt der Fünfjährige die Geschichte von der Arche Noah aus dem Kindergarten mit. Er ist ungemein interessiert, wie der Noah das gemacht hat. Vater und Sohn unterhalten sich über Schiffsbau. Die Tochter denkt mehr an die Tiere. Und die Mutter räumt mal wieder das Kinderzimmer auf und macht seufzend ein Witzchen: »Was bei euch da so alles an Viechzeug herumfährt, damit könnte der Noah leicht seine Arche vollkriegen!« Gleich danach schlägt sie sich auf den Mund. Aber zu spät. Der Mann hat ein seltsames Glimmen in den Augen und bald danach verschwindet er im Keller. Wie vorauszusehen war, ist er wochenlang nicht zu sprechen.
In den Kellerstunden (und -tagen) baut er ein prächtiges Stück, eine Arche Noah wie aus dem Bilderbuch: zweistöckig, mit einem Dach zum Abheben und einem extra Ausguck für die Giraffe. In keinem Spielzeugladen könnte man so etwas kaufen. Nun, da Hobel-

späne und Farbflecken beseitigt sind, strahlt auch die Frau. Und wie wird der Opa erst staunen!

Der Opa, ebenfalls Heimwerker aus Leidenschaft, wird am Nachmittag des Heiligen Abends erwartet. »Ich geh mit den Kindern in die Kirche«, sagt die Frau zum Mann, »das gehört einfach dazu. Du kannst ja den Opa empfangen. Ihr beide seid doch ganz gern mal ein Stündchen allein.«

Die Frau ist von früh an unentwegt tätig gewesen; sie hat den Christbaum geschmückt, das Essen vorbereitet, die Wohnung auf Hochglanz poliert und das alles unter der wibbligen Neugier der Kinder. In der Kirche müssen die Kinder den Mund halten und sie selbst kann ein wenig entspannen, um Kraft zu sammeln für den Abend. Wieviel Kraft sie freilich brauchen wird, ahnt sie noch nicht ...

Inzwischen trägt sich daheim Folgendes zu:

16 Uhr: Der Opa trifft ein. Vater und Sohn begrüßen sich mit der gesammelten Ruhe ernster Männer. Gepäck, Schneestiefel und Regenschirm des Gastes werden notdürftig im Flur verstaut.

16.05 Uhr: Sohn führt Vater sein neues Werk vor. Vater zollt Anerkennung und zeigt handwerkliches Interesse. Aber die Kernfrage: Ob sie auch schwimmt?

»Ausprobieren«, sagt Sohn.

16.10 Uhr: Die Badewanne wird eingelassen. Es erweist sich, dass die Arche eine leichte Schlagseite nach links hat. »Macht nichts«, sagt Opa, »das haben wir gleich. Hol mal das Werkzeug.« Das Hobelgeräusch wird begleitet von himmlischen Weisen aus dem Radio. Die Zeit drängt, die Männer arbeiten mit inbrünstigem Eifer. Endlich ist es soweit.

16.45 Uhr: Die Arche wird erneut ins Wasser gelassen. Die Schlagseite ist beseitigt. Beglückt spielen Vater und Sohn, sechzig und fünfunddreißig Jahre alt, Schiffchen. Dann fällt ihnen ein, dass sie sich einen Kognak verdient haben.

17.45 Uhr: Befriedigt von getaner Arbeit führen nun Vater und Sohn ein solides Männergespräch, während sie die weihnachtlichen Düfte von Tanne und Wachskerzen erfolgreich mit Tabaksqualm bekämpfen. Einige Schrauben und Nägel haben sie versehentlich mit ins Weihnachtszimmer gebracht und zwischen Äpfeln und Nüssen auf der Tischdecke verteilt. Von der Heimwerkerei kommen sie über die Wirtschaftslage zur Politik. Der Kognak wirkt anregend, sie reden sich heiß. Inzwischen wird es 18 Uhr.

18.10 Uhr: Frau und Kinder kommen von der Kirche zurück. Als sie die Wohnung betreten, ist der Flur nass; Opas Koffer steht im Wasser. Es herrscht zwar kein ideales Weihnachtswetter, der Schnee ist mit Regen vermischt, aber kann soviel Wasser allein von Stiefeln und Regenschirm runterrinnen? Wo in aller Welt kommt das Wasser her?

Eine Schrecksekunde lang durchzuckt die Frau der Gedanke an einen Rohrbruch. Aus dem Bad dringt Rauschen. Ahnungsvoll reißt sie die Tür auf.

Nein, es ist kein Rohrbruch. Was da rauscht, ist der aufgedrehte Wasserhahn. Und hoch auf den Wellen der überlaufenden Wanne schwimmt die Arche Noah, ohne Schlagseite, allen Gewalten trotzend wie im biblischen Bilderbuch. Aus dem Bad ergießt sich die Sintflut.

»Mensch«, rufen die Kinder, »Spitze!« Sie hüpfen herum, dass das Wasser nur so an die Wände spritzt. Gute Frau und Mutter, du tatest gut daran, in der Kirche Kraft zu sammeln. Die Bescherung im Eimer, der gebohnerte Fußboden im Eimer, knöcheltief Wasser und zwei erwachsene Männer, die nichts davon merken!

Einer der pausbäckigen Grübchenengel muss es ihr eingeflüstert haben, dass Humor hier die einzige Lösung ist: Sie lacht! Sie lacht so, dass die beiden Männer ihre politische Debatte abbrechen und aus dem Zimmer kommen, um zu sehen, was es gibt. Und als sie es sehen, machen sie so dumme Gesichter, dass die Frau noch mehr lachen muss. Die Kinder jubeln: »Die Sintflut, die Sintflut! Wir haben die Sintflut und die Arche Noah!«

Dann aber gilt es zu handeln. Geistesgegenwärtig, wie nur ein Mann sein kann, dreht der Vater den Wasserhahn zu. Mit Kehrschaufeln, Eimern und Lappen rückt die Familie der Sintflut zuleibe. Gegen 20 Uhr ist die Wohnung wieder halbwegs trocken. Man zündet die Kerzen an. Die Arche Noah wird aus der Wanne gehoben und unter den Christbaum gestellt, und das kleine Mädchen setzt alle Tiere hinein. Schön und friedlich ist es im Weihnachtszimmer. Bis der Bub meint: »Jetzt lassen wir sie wieder schwimmen. Opa, fass mal mit an …«

Maria Jelen: Als ich das Christkind sah

Zum letzten Mal brannten die Kerzen am Adventskranz. Es war Heiliger Abend. Ich war gerade fünf Jahre alt und saß mit meinen Eltern und Brüdern und der Großmutter in der geräumigen Wohnküche. Wir warteten auf das Christkind.
Die Mutter brachte selbstgebackene Plätzchen und die Oma legte Bratäpfel ins Rohr. Ab und zu schob sie einen grünen Fichtenzweig ins Herdfeuer. Wie das knisterte und duftete!
Draußen war es längst dunkel und durchs Fenster schauten ein paar Sterne zu uns herein. Hier und da stahl sich ein winziger Funke aus dem Herd und tanzte mit den flackernden Schatten der Adventslichter durch den Raum. Der Bratäpfelduft vermischte sich mit dem süßen Aroma der Weihnachtsplätzchen und dem harzigen Geruch der verbrannten Zweige. Das elektrische Licht war ausgeknipst. Wir saßen im Kerzenlicht des Adventskranzes, der in einer Ecke des Zimmers von der Decke hing. Hans hatte ihn leicht angestupst, sodass er in schaukelnde Bewegung geriet und die Schatten an der Wand wilde Tänze aufzuführen schienen.
Nun fing Mama an, uns eine Geschichte zu erzählen. Von den Menschen früher, wie schlecht es ihnen ging, und dass sie so lange auf den Erlöser gewartet hatten. Sie erzählte, wie Maria und Josef nach Bethlehem gewandert sind. Und wie dann dort der Heiland geboren wurde. Papa las das Weihnachtsevangelium vor und anschließend sangen die Geschwister unsere schönsten Weihnachtslieder: »Es wird scho glei dumper«, »Mei Liachterl im Laterndetl«, »Still, still, weil's Kinderl schlafen will.«
So traulich und heimelig war es in der Stube! Ich aber saß in der Ecke des Kanapees und vergoss bittere Tränen. Schon seit vierzehn Tagen war ich untröstlich. Seit dem Tag genau, an dem meine einzige, heißgeliebte Puppe Marianne verschwand. Mama sagte mir zwar, sie sei in die Christkindlwerkstatt gebracht worden, weil sie doch so dringend neue Hände und Füße und eine neue Perücke brauchte. Das stimmte ja auch. Ihre Unansehnlichkeit hatte mir jedoch nichts ausgemacht. Ich liebte sie auch ohne Finger, Zehen und Haare. Vierzehn lange Tage – eine kleine Ewigkeit für mich – trauerte ich nun schon um meine Puppe. Heute würde ich sie zurückbekommen, das wusste ich. Aber ich konnte die stimmungsvolle Atmosphäre um mich herum kaum noch ertragen.

Als Mama meine Tränen sah, tauschte sie mit Papa einen heimlichen Blick. Er stand auf und sagte, er werde jetzt den Rehen ein Bündel Heu über den Zaun werfen und für die Vögel eine Garbe in den Schnee stecken. Dann ging er hinaus. Ich hörte deutlich, wie er die Haustür öffnete und wieder hinter sich schloss.

Er blieb nicht lange fort. Händereibend kam er ins Zimmer zurück. Er schaltete das Licht ein und erzählte uns, dass er glaube, soeben das Christkind gesehen zu haben, wie es vom Himmel herabgeflogen sei. Ein richtiger goldener Streifen sei vom Himmel gefahren, wie er gerade das Heu hinausgebracht habe. Nun könne es nicht mehr lange dauern, tröstete er mich und nahm mich auf seinen Schoß. Mein kleines Herz klopfte wie ein Schmiedehammer. Ich konnte nur noch eines denken: »Gleich werde ich meine Marianne wieder haben!«

Da ertönte silberhell und zart ein Glöckchen im oberen Stockwerk. Es war soweit!

Als ich das Glöckchen hörte, saß ich im ersten Moment wie gelähmt. Dann schob Papa mich von seinem Schoß und ich rannte in den Flur hinaus. Was ich da sah, verschlug mir fast den Atem. Wie angewurzelt blieb ich stehen und staunte und schaute.

Das Christkind, haargenau das aus meinem Bilderbuch, schwebte, jawohl »schwebte« die Treppe herab. Das leibhaftige Christkind! In seinen wunderschönen blonden Locken saß ein goldenes Krönchen. Es trug ein langes, weißes Kleid, hatte herrliche rote Apfelbäckchen und lächelte lieblich und geheimnisvoll. In der einen Hand trug es ein winziges Tannenbäumchen mit brennenden Kerzen darauf. Oben am Wipfel hing ein goldenes Glöckchen, das unentwegt leise klingelte. Das Christkind schwebte auf mich zu, nickte lächelnd und verschwand in die kalte, sternklare Nacht hinaus.

Unfähig mich zu bewegen, stand ich da und starrte durch die noch immer offene Haustür, hinter der längst entschwundenen Erscheinung her. Das Christkind selber war dagewesen!

Plötzlich wusste ich auch warum. Es hatte meine Puppe Marianne zurückbegleitet. Die beiden waren sicher Freundinnen geworden. Nun gab es für mich kein Halten mehr. Ich stürmte hinter den Buben her die Treppe hinauf und rannte in das Christkindlzimmer. Ich fiel auf das Bett, auf dessen Decke meine Puppe saß. Freudentränen rannen mir über das Gesicht und unter Schluchzen sagte ich immer wieder nur das eine: »Weil du nur wieder da bist, weil du nur wieder da bist!«

Meine Mutter, der mein Kummer in den letzten Wochen arg

zugesetzt hatte, weinte vor Freude mit. Und Oma schneuzte sich geräuschvoll in ihr großes, geblümtes Taschentuch.

Ich war selig! In meiner Aufregung hatte ich gar nicht bemerkt, dass das Christkind haargenau so aussah wie des Nachbars Lene.

Günter Renkl: Waffenstillstand

Der Ablauf des Weihnachtsfestes ist in den meisten Familien an strenge Traditionen gebunden.

Diese äußern sich nicht nur in einer jahrzehntelang gleichbleibenden Speisenkarte für den Heiligen Abend und die beiden folgenden Weihnachtsfeiertage oder in den gleichbleibenden Anfangszeiten für Gräberbesuch und Bescherung, sondern auch in der personellen Zusammensetzung der Zusammenkünfte an den Weihnachtsfeiertagen.

So gehörte es zur ständigen Tradition bei der Familie Berwanger, dass am ersten Weihnachtsfeiertag, an dem es immer Gansbraten mit Knödeln gab, die Mütter des Ehepaares, die ihre männlichen Anhängsel bereits an die Ewigkeit verloren hatten, eingeladen wurden.

Beide mussten während des ganzen Jahres streng voneinander getrennt werden. Lediglich Weihnachten, das Fest des Friedens, ermöglichte alljährlich eine einmalige Zusammenkunft. Diese war zwar von einer ständigen inneren Anspannung gekennzeichnet, bei der man, wie bei einem Vulkan, auf den stets möglichen Ausbruch mit nicht unerheblichem Flurschaden wartete; bislang konnte aber eine Eruption vermieden werden, weil sich jeder immer wieder angesichts. des Weihnachtsfestes zurückhielt und nicht sagte, was er dachte.

Ein Gespräch zwischen den beiden Rivalinnen pflegte sich etwa so abzuspielen:

Mutter Mann:

»Gut schmeckt das Essen.«

Und sie dachte: Bei meiner Schwiegertochter schmeckt alles gleich. Die wird nie einen Geschmack an ihr Essen hinbringen. Armer Bua!

Mutter Frau (zu ihrem ungeliebten Schwiegersohn gewandt):

»Mit den Geschenken kann heuer wieder jeder zufrieden sein.«

Und sie dachte: Einen Mantel hätte mir mein Mann nie zu Weihnachten geschenkt, so wie das mein Schwiegersohn getan hat. Bei uns hat's als Geschenke immer Luxusgegenstände gegeben. Aber an meiner armen Tochter wird immer gespart.

Und die Mutter des Mannes dachte: Ihr schenkt er einen Wintermantel, und er lauft in kurzen Unterhosen und ohne Hut herum, nur weil sie keine langen Unterhosen und keinen Hut mag. Aber ich darf ja nichts sagen.

Mutter Mann:

»A kalts Wetter is 's heuer zu Weihnachten.«

Und sie dachte: Keiner kommt auf den Gedanken, mich bei dem Wetter mitm Auto abzuholen. Nein, mit der Straßenbahn lassens mich fahren.

Mutter Frau (auf die Eröffnung, dass das Ehepaar Berwanger am zweiten Weihnachtsfeiertag zum Skifahren geht):

»Recht habts. Machts euch nur a schöns Leben.«

Und sie dachte: Unseroans wird einfach abgeschoben, damit die ihr Vergnügen habm können. An was anderes wie an ihr Vergnügen denken die jungen Leut ja heutzutag nicht mehr.

Mutter Mann (nachdem ihre Gegnerin entgegen ihren guten Vorsätzen beim Essen nachgefasst hatte):

»Des is schön, wenns einem so gut schmeckt und man vertragts auch.«

Und sie dachte: Jetzt is de sowieso schon so fett wie eine Weihnachtsgans und kann sich net beherrschen. Hoffentlich stirbts bald an Herzverfettung.

Mutter Frau:

»Ein schönes Weihnachtsfest wars heuer wieder.«

Und sie dachte: Schön wirds erst, wenn die andere nicht mehr da ist.

Man hätte sich auch in diesem Jahr wieder ohne Ausbruch nach dem Kaffee scheinbar friedlich getrennt, wenn auch mit geheimen Kriegsplänen im Hinterkopf. Man hätte den Waffenstillstand gewahrt, wenn es auch nicht zum Frieden gereicht hätte. Aber ein Tag Waffenstillstand ist immerhin besser als ein Tag Krieg.

Ob allerdings die Wahrheit Frieden bewirkt, mag tunlichst bezweifelt werden. Die unweihnachtliche Eruption führte nämlich unversehens der kleine Max, der Sohn des Ehepaares Berwanger, herbei, als er ohne diplomatische Rücksichten und mit der natürlichen Wahrheitsliebe des Kindes, zur Großmutter mütterlicherseits gewandt, sagte:

»Also, des Fußballspiel von dir is a alter Hut gegen den Roboter von der anderen Oma.«

Diese Bemerkung hatte den jähen Abbruch des weihnachtlichen Besuches und des Gansessens durch die Großmutter mütterlicherseits zur Folge, die mit der spitzen Bemerkung: »Weils ihr immer des Kind gegen mich aufhetzts« vom Tisch aufsprang und den Ort des Geschehens mit bösem Blick und rotem Kopf fluchtartig verließ. Sie setzte nicht einmal mehr ihren zehn Jahre alten weinroten Hut auf, sondern zerdrückte ihn auf der Flucht unter dem Arm.

Und als die Großmutter väterlicherseits Zufriedenheit über diesen Ausgang äußerte, erhielt sie von ihrer Schwiegertochter Platzverweis mit der Bemerkung:

»Du hetzt immer mit und bist schuld, wenn mir uns net vertragn.«

Der Max aber sah das Ereignis von seiner besten Seite, indem er angesichts des vorzeitigen Endes des Gansessens noch einmal wahrheitsgemäß äußerte:

»Jetzt is uns wenigstens für morgn no a Gans übrig bliebm, und mia braucha koa Wurscht essen.«

INGRID HAGSPIEL: Heiligabendmahl

Nun ist es also soweit. Der Sohn mit seinem gestrengen Festhalten an Traditionen ist aus dem Haus, und die Töchterlein fangen an zu tanzen. Um was es hier geht? Um einen wichtigen Brauch, herrührend aus den Kindertagen der Mutter: um Bratwürstl und Kartoffelsalat am Heiligen Abend nach der Bescherung.

Es hat ja so jede Familie ihre Heiligabend-Essenstradition. Da gibt es Karpfen, dort eine Gans, dort eine Weihnachtssuppe, dort Würstl mit Kraut, hier – seit Jahrzehnten – Bratwürstl mit Kartoffelsalat.

»Mama, heuer, bitte, gibt's einmal Fondue! Wir mögen die ewigen Würstl nicht mehr. Es wird Zeit, kleine Änderungen einzuführen!«, meinen die lieben Töchterlein. – »Was?« – »Nein, versteh uns nicht falsch, du darfst alles tun wie bisher – mit deinen Plätzerln geizen oder sie verschnürt zur Nachbarin tragen, du darfst den Baum allein schmücken und uns aus der Weihnachtsstube aussperren bis zur Bescherung – wie alle Jahre! Nur, bitte, einmal keinen Kartoffelsalat mit Schweinsbratwürstln, gell? Wir machen auch die Soßen für das Fondue selbst. Einverstanden, Mama?«

Die seufzt und sagt ja und gesteht diese Ungeheuerlichkeit am nächsten Tag telefonisch ihrem Sohn. »Kaum, dass i weg bin ... Aber, Mama, dann gibt's die Würstl und den Kartoffelsalat halt am ersten Weihnachtsfeiertag, wenn ich komme, gell?«

JUTTA MAKOWSKY: Tante Selmas »Herinkssalat«

Es soll Leute geben, die sich bereits am Heiligen Abend das große Festessen mit Gans, Ente oder Truthahn nebst Knödeln, Blaukraut, Vor- und Nachspeise antun. Das müssen Masochisten sein – es sei denn, sie haben eine Person in der Küche, die sich um Kerzen, Geschenke und den ganzen ideellen Weihnachtszauber nicht schert und nur das fachkundige Begießen des Bratens im Auge hat.

In den meisten Familien gibt es Heiligabend etwas, das man vorbereiten oder schnell zubereiten kann. Zum Beispiel Käsfondue. Oder Würstl mit Kartoffelsalat. Oder irgendwelche kalten Schmankerl vom Dallmeyer. Bei der Familie B., von der hier die Rede ist, gab es traditionsgemäß Heringssalat. Und den brauchten sie nicht einmal selbst zuzubereiten. Das machte Tante Selma.

Tante Selma reiste zu diesem Behuf immer am 22. Dezember von Berlin zu den Verwandten im Schwarzwald. Sie war eine resolute Person, von Beruf Masseurin, die ihre Patienten ordentlich durchwalkte. Ihren – wie sie betonte, freiwilligen – Ledigenstand wollte sie nicht mit später Jungfräulichkeit verwechselt haben. (»Nee, nee, ick habe beizeiten dafür jesorcht, dass ick nich als alte Jungfer ins Jrab fahre!«) In Ermangelung eigener Familie machte sie die ihres Bruders zu der ihren.

Am 22. Dezember also inspizierte Tante Selma die Vorräte und fand, es sei »nischt da«. Am Tag darauf ging sie auf den Markt und kaufte ein: Berge von »Herink«, wie sie diese Fische nannte, dazu rote Bete, Karotten, Sellerie, Gurken, Petersilie, Äpfel, Nüsse. In mageren Zeiten kamen noch Kartoffeln hinzu, später ließ sie die weg.

Am 24. Dezember in aller Frühe begann die Vorbereitung. Tante Selma beschlagnahmte die Küche mit allem Drum und Dran. Angebotene Hilfe lehnte sie kategorisch ab. »Nee, nee, ihr Lieben, jeht ihr man euern Christbaum aufdonnern – det Futter mach ick alleene!«

Es wurde ein herrliches Futter. So schön der Baum und die Geschenke auch waren – Tante Selmas »Herinkssalat« war der Höhepunkt des Abends. Vor allem der Opa konnte davon nie genug kriegen, er aß noch die ganze Woche bis Neujahr jeden Abend seine Portion.

So ging das Jahr für Jahr – so musste es sein und nicht anders.

Die Kinder, Nichte und Neffe, wurden mit jedem Heringssalat größer, entsprechend wuchs auch der Appetit – vor allem der des pubertierenden Neffen – sodass von Jahr zu Jahr mehr »Herink«

verarbeitet werden musste. Die Nichte aber – Natalie mit Namen – entwickelte sich zu einer jungen Schönheit, und es kam, wie es kommen musste:

Eines Tages brachte Natalie einen jungen Mann mit, um ihn der Familie zur Begutachtung vorzuführen. Dieser – Andreas mit Namen – hätte keinen besseren Eindruck machen können: tadellose Manieren, höflich, freundlich, hilfsbereit, klug, aber nicht vorlaut, dazu blendend aussehend – kurz, der ideale Gatte für Natalie. Besonders Tante Selma war von dem jungen Mann angetan und flüsterte ihrer Nichte heimlich zu: »Den lass ma nich wieder loofen, Natichen, det is 'n Mann fürs Leben!«

An Weihnachten wollte man Verlobung feiern.

Dies war aber alles noch, bevor der entsetzliche Makel ans Licht kam, den der nette junge Mann bei all seinen guten Eigenschaften aufwies. Schon als Tante Selma in der Küche zu fuhrwerken begann, kräuselte er bedenklich seine gutgeschnittene Nase – und als er durch einen Spalt der Küchentür der Zutaten ansichtig wurde, bekam seine frische Gesichtsfarbe einen Stich ins Grünliche. Und dann kam es heraus: Andreas mag keinen Heringssalat! Ja, er mag ihn nicht nur nicht, er verabscheut ihn, es graust ihm davor, seit frühester Kindheit, er muss k …

Das unfeine Wort sprach er natürlich nicht vor versammelter Familie aus, sondern flüsterte es nur seiner Liebsten zu. Die war ganz verstört. Das hat sie doch nicht gewusst, warum hat er es nie gesagt? Aber sie hatten doch immer nur von Liebe gesprochen und nie von Heringssalat.

Schonungsvoll versuchte die Nichte, der Tante die Katastrophe beizubringen. Die änderte ihre Meinung ganz schnell:« Wat, der maach keenen Herink? Und den willste heiraten?«

Sie heirateten dann doch. Und am nächsten Weihnachten ließ Tante Selma – man höre und staune – einen Teil der Zutaten ohne »Herink« und mischte dafür Schinken, Salami und harte Eier darunter für den lieben Andreas. Das sah appetitlich aus. Der verfressene Neffe, der schon drei Teller Heringssalat verputzt hatte, wollte auch mal probieren. »Mhm – schmeckt ja fast noch besser!« – und lud sich noch einen Teller voll. Beim übernächsten Weihnachtsfest machte die Tante schon Herings- und Schinkensalat zu gleichen Teilen. Nach und nach wurde die Familie abtrünnig – zumal Tante Selma nun Parmaschinken vom

Delikatessgeschäft holte nebst Mortadella, Oliven und Kapern und nur kaltgepresstes Olivenöl dazu nahm. Nur der Opa bestand treu und fest auf seinem »Herinkssalat« – und erhielt auch sein Extra-Schüsselchen bis an sein seliges Ende.

Natalie und Andreas sind inzwischen ein reifes und reiselustiges Paar geworden. Sie kennen die Schmankerl aller Herren Länder, beherrschen virtuos die Handhabung asiatischer Essstäbchen und überraschen ihre Gäste immer wieder mit köstlichen Gerichten aus Haifischflossen, Bambussprossen, Zitronengras und hunderterlei exotischen Gewürzen. Andreas taucht mit seiner Harpune in die Tiefen der Südsee und bringt die wundersamsten Fische ans Licht – nur ein »Herink« ist nie dabei.

Tante Selma aber und ihr weihnachtlicher »Herinkssalat« sind inzwischen zur Legende geworden. Die erzählte mir meine Freundin Natalie kürzlich am Telefon.

HERBERT SCHNEIDER: Weißwürscht für den Frieden

Eine Umfrage – kein Tag ohne Umfrage! – hat die Umfragen der vergangenen Jahre bestätigt: In deutschen Familien werde am häufigsten und am heftigsten vor und an Weihnachten gestritten. Als ob es in der himmlischen Botschaft hieße: Und Streit den Menschen auf Erden! Der Schwager versteht diese Leute nun wirklich nicht! Sind die so gestresst und genervt von der Hektik der staaden Zeit – oder was oder wie? Er selber hat noch nie vor Weihnachten und schon gar nicht am Heiligen Abend dem Streithammeltum gefrönt, ja nicht einmal ein lautes Wort fallen lassen.

Obwohl, wenn er sich an den Heiligen Abend des vergangenen Jahres erinnert ... – Aber da waren nun wirklich die anderen schuld, dass er explodiert ist! Nicht er, sondern sie hatten den Frieden auf Erden gefährdet – und zwar vorsätzlich!

Angefangen hatte es damit, dass er die Schwägerin fragte, ob sie schon die Weißwürste besorgt hätte. Was glauben Sie, lieber Leser, was darauf passiert ist? Ein eiskaltes »Naa« hat sie ihm um die Ohren geschlagen, und auf seine weitere Frage: Warum nacha net? hat sie boshaft lächelnd gemeint: Weil's desmoi am Heiligen Abend koane Weißwürscht gibt, sondern eingelegte Matjesfilets mit Pellkartoffeln!

Da hat es dem Schwager erst einmal die Stimme verschlagen. Dann ist ihm die Galle hochgestiegen, und er hat in etwas schärferer Tonart (ein anderer hätte längst gebrüllt!) gesagt: Ja, spinnst? Bin ich ein Ostfriese oder ein Bayer? Und auch noch Pellkartoffeln! De kennts selber ... (der Schwager muss es leider zugeben, er hat weder essen noch verzehren gesagt).

Die hatten es also nicht einmal für nötig gehalten, ihn vorher in so einer entscheidenden Frage zu konsultieren! Schon als Bub hatte er am Heiligen Abend immer Weißwürste bekommen, und diese Tradition war unerbittlich durch all die Jahre fortgesetzt worden. Sollte er nun auf einmal Heringe schlingen? – Der Schwager muss einräumen, dass seine Stimme um einiges an Lautstärke zunahm. Augenblicklich, hat er seiner Tochter befohlen, rennst du zum Metzger Silbernagl hinüber und holst zwei Dutzend Weißwürscht, sonst zerhack ich den Christbaum, und d' Bescherung könnts euch an 'n Hut stecken! Und dass ma a süßer Senf im Haus is, und Brezn und a Weißbier!

Ja, denen hat der Schwager Füße gemacht! Die Tochter ist losgerannt wie die Feuerwehr!

Aber was hat sie schließlich gebracht? Drei Polnische, weil die Weißwürste angeblich schon aus waren! Polnische! Der Schwager hat gewiss nichts gegen den Walesa und Genossen. Aber an Weihnachten will er seine bayerische Nationalwurst haben, verstanden?! Vor lauter Wut hat er die wunderschöne rote Christbaumkugel, die er gerade christbaumaufputzend in der Hand hielt, zerdätscht und sich dabei dreißig bis vierzig winzig kleine Splitterchen eingezogen.

Was der Schwager darauf von sich gegeben hat, war von allerstärkstem Kaliber! In diesem zornerfüllten Augenblick hat sich die Familie samt Schwiegermutter um den tobenden Schwager versammelt und ist in herzhaftes Gelächter ausgebrochen.

Und die Schwägerin hat gesagt: Dua di nur net awi, Babba, du kriagst scho deine Weißwürscht und dein Senft und deine Brezn und dei Weißbier, des mit de Matjesfilets war ja bloß a Gschpaß. Mir ham nämle de Umfrage glesn, dass am Heiligen Abnd bei vui Leit auf Teife kimm raus gestrittn werd, und da wollt ma testn, wia's da bei dir ausschaugt.

Ja und? fragte der Schwager verdutzt.

Du hast den Test glänzend bestanden! jubelte die Familie.

Der Schwager hat ihnen inzwischen großmütig verziehen. Aber wie man mit einem so friedfertigen Menschen wie ihm derartig umspringen kann, das versteht er bis heute noch nicht!

Sieglinde Ostermeier: Ned oiß

Des mid dem Weihnachtsessn war heier eigentle ned so stressig wia sunst. I hob in so ana Frauenzeitschrift a ganz a praktischs Menü gfundn. Do hod ma scho vui vorher vorbereitn könna. Es war a genauer Zeitplan dabei und Listn fürs Eikaffa aa, weil do hob i oiwei a Problem, dass i ja nix vergiss und dass ja oiß rechtzeitig fertig wead.

A bissl obwandln hob i des Menü zwar scho no müassn, weil da Onkl Xaver doch koane Artischockn mog. Wos nimmsd jetz do ois Ersatz? So a gwöhnlichs Gmüas wia Koirabi oda Zucchini konst ja do auf Weihnachtn ned bringa. Endle is mia wos eigfoin. A Chicorée gehd vielleicht, wenn ma den vorsichtig dünstn duad.

Oiso, kurz gsagd, des Weihnachtsessn is mia guad gelunga und is recht globd worn. Sogor de Bayrisch Crem hob i hibracht, de wo mi ja scho aa diamoi recht gfuchsd hod.

Heier warn nämle mia an da Reih mid dera Einladung fürs Weihnachtsessn, und do wui ma sich ja nix nochsong lassn. Bei uns is des so a Brauch, dass do oiwei de ganze Sippn zamkimd und reihum jeds Johr a andere Familie eilodn muass. Weil aba d Oma und de Tante Bettl, de wo ledig is, wegfoin, triffds uns praktisch oi drei Johr. Und weil mei Schwägerin Lina, de wo oiwei des Johr vor uns dro is, hoid gor a so aufdischd, bin i direkt zwunga, dass i do midhoit.

Mei Mo schaugd scho aa recht drauf, und do is eahm a nix zdeier, obwoi er sunst scho a diamoi aufm Gejdbeitl hockd. Aba bei seina Verwandtschaft lassd er se ned lumpn. Und, wia gsagd, heia hod oiß klappd, und er hod nix zum aussetzn ghabd, und a da Onkl Xaver war zfriedn und hod ned rumgmeckerd. Nua de Lina hod a bissl beleidigt gschaugd, weil mei Menü fünf Gänge ghabd hod (und des ihra letzts Johr bloß viere), aba de Bettl, de wo de Lina ned recht mog, hod des gfreid und mi natürle aa. Weils oiwei gor so protzig dean, de Lina und ihr Mo, bloß weils Gschäftsleid san.

Oiso, wia gsagd, des Weihnachtsessn war a Erfoig, des kon ma song. Und trotzdem, irgendwia is uns zum Schluss no wos obganga. Des kon doch ned oiß gwesn sei. Ja freile war des oiß! Eigentle vo oiß zvui, vui zvui. Aba es is wos obganga, irgendwos, des aa no zu Weihnachtn ghead. Mia ham alle no so an komischn Druck aufm Mong ghabd, hoid, ois ob no wos fejn daad.

I hob mei Listn nomoi ogschaugd. War oiß obghakt. Wos kant denn des bloß sei? Irgendwia hob i bei dem ganzn Nochdenga amoi so hoiblaut vor mi higredd: Weihnachtn – Freid – Friedn – Erlösung ... Do is s dann meim Mo ganz plötzle eigfoin. Weilsd oiwei oiß verstecksd, hod er gschimpfd. Erst schlepp mas hoam und dann verraamst oiwei oiß, damit i ja ned vorher drüberkim. Do kant ja glei de ganz Weihnachtsfreid dahi sei (und da Friedn aa, hob i mia denkt). Jednfois ham mia dann gwusst, wos uns an dem Weihnachtn no obganga is. A Stamperl Klarer. Des war de Erlösung!

LUDWIG THOMA: Der Christabend
Eine Familiengeschichte

Bei Oberstaatsanwalt Saltenberger hatten sie drei Töchter, Emerentia, Rosalie und Marie.

Alle im höchsten Grade fähig und entschlossen, dem ledigen Stande zu entsagen.

Das herannahende Weihnachtsfest brachte die geliebten Eltern auf den Gedanken, dass sie ihre Kinder am besten mit Männern bescheren würden, und sie überlegten lange, wie dieses zu ermöglichen wäre.

Mama Saltenberger meinte, ihr Mann sollte seine hervorragende Beamtenstellung in die Waagschale werfen und jüngere Kollegen durch die Macht seines Ansehens an ihre staatsbürgerlichen Pflichten erinnern. Saltenberger war nicht prinzipiell abgeneigt, aber er betonte, dass dieser Einfluss nur in ganz familiären Grenzen ausgeübt werden dürfe, und dass man in der Wahl der Objekte sehr vorsichtig sein müsse.

In geheimer Beratung wurde zur engeren Wahl der zukünftigen Familienmitglieder geschritten.

Beide Eheleute einigten sich zunächst auf Karl Mollwinkler, zweiter Staatsanwalt. Er war ziemlich abgelebt, und sein kränklicher Zustand ließ hoffen, dass er sich nach der Pflege einer geliebten Frau sehne.

Als zweiter ging Sebald Schneidler, königlicher Landgerichtssekretär, durch.

Nicht ohne Widerspruch. Frau Saltenberger fand die Stellung denn doch etwas subaltern. Ihr Mann hatte Mühe, sie zu überzeugen, dass die gegenwärtige Zeitrichtung die Standesunterschiede einigermaßen nivelliert habe, und dass speziell in Heiratsfragen eine zu strenge Auffassung von Übel sei.

Schließlich kam man dahin überein, dass Schneidler sich in Anbetracht seiner sozialen Verhältnisse mit der ältesten Tochter, der vierunddreißigjährigen Emerentia zu begnügen habe.

Die Aufstellung des dritten Kandidaten bereitete Schwierigkeiten.

Unter den Juristen fand sich trotz sorgfältigster Prüfung keiner mehr, der des Vertrauens würdig gewesen wäre.

Man musste wohl oder übel in eine andere Sparte hinübergreifen.

Aber auch da zeigten sich überall unüberwindliche Schwierigkeiten, und schon wollte der Oberstaatsanwalt an der gestellten Aufgabe verzweifeln, als im letzten Moment Frau Saltenberger den rettenden Gedanken fasste.

»Weißt du was, Andreas«, sagte sie, »wir nehmen einfach einen von der Post. Da sind die meisten Chancen, denn fast alle Verlobungen, welche man an Weihnachten in der Zeitung liest, gehen von Postadjunkten aus.«

Dieses leuchtete ihrem Manne ein, und er gab seine Zustimmung zur Wahl des Postadjunkten Jakob Geiger. Somit war die Sache gediehen; es galt nunmehr, die zur Bescherung Vorgemerkten unter die drei Töchter zu verteilen. Und das war das Schwierigste.

Der Friede wich aus dem Hause des Oberstaatsanwalts Saltenberger. Emerentia brach in Tränen aus, als die Eltern von dem Plane sprachen; sie sei immer das Stiefkind gewesen, die anderen Fratzen habe man verhätschelt und verzogen, nur sie sei misshandelt worden und jetzt solle sie sich mit einem Sekretär begnügen.

Vielleicht müsse sie noch Komplimente machen vor dem ekelhaften Ding, der Rosalie, die man natürlich zur Frau Staatsanwalt nehme, obwohl sie die Dümmste von allen sei. Aber nein! nein! und nein! Da kenne man sie schlecht. Sie lasse nicht auf sich herumtrampeln, und lieber verhindere sie den Plan, sodass gar keine einen Mann erwische, als dass sie sich mit dem Affen von einem Sekretär abfinden lasse.

Ihr Widerstand war leidenschaftlich, aber nicht schlimmer als derjenige von Marie, welcher man den Postadjunkten zugedacht hatte. Sie war die Jüngste und durfte billig annehmen, dass sie auf dem Heiratsmarkte die besten Preise erzielen könne. Allerdings schielte sie, aber sie sagte sich, dass ein verständiger Mann solche Kleinigkeiten nicht beachte. Zudem, lieber schielen, als einen Kropf haben wie Emerentia oder schlechte Zähne wie Rosalie.

Papa Saltenberger hatte böse Tage; während er auf dem Bureau weilte, sammelte sich daheim eine unglaubliche Menge Sprengstoff an, welcher regelmäßig beim Mittagstisch explodierte.

So ging das nicht. Die Eltern beschlossen, die drei Herren als Ganzes zu bescheren und die Wahl den Kindern zu überlassen.

Auf diese Weise hatten wenigstens sie Ruhe gefunden, wenngleich der Krieg unter den Schwestern fortdauerte. Emerentia stickte in heimlicher Abgeschlossenheit an einem Paar Pantoffeln, und bei jedem Stich wurde sie fester entschlossen, dieselben nur dem zweiten Staatsanwalt Mollwinkler zum Zeichen ihrer Liebe an die Füße zu stecken.

Rosalie häkelte einen Tabakbeutel, Marie strickte wollene Handschuhe. Und jede wusste, wem sie die Gabe weihen würde. Alle drei zogen die Mutter ins Vertrauen, und da Frau Saltenberger einen gutmütigen Charakter hatte, sagte sie zu jeder verstohlen: »Kindchen, Kindchen, ich seh' dich noch als Frau Staatsanwalt.«

Und jede war glücklich darüber. Erstens überhaupt, und dann, weil die zwei anderen Maulaffen vor Neid bersten würden.

So kam allmählich das heilige Weihnachtsfest heran mit seinem unvergesslichen Zauber für die Familie, jener Tag, an welchem die Junggesellen so ganz besonders Sehnsucht empfinden nach einem schöneren Lose, nach einer liebenden Gattin und nach Kindern, welche mit ihren Spielzeugen um den Christbaum tanzen.

O, welche Gefühle walteten in dem Hause des Oberstaatsanwalts Andreas Saltenberger!

Das war ein Raunen und Flüstern, ein geheimnisvolles Weben, ein Hin und Her, von einem Zimmer in das andere, bis endlich um sieben Uhr Vater, Mutter und die drei Töchter sich im Salon versammelten, festlich geschmückt und sehr erwartungsvoll.

Jede der Schwestern erregte durch ihr reizendes Aussehen die Freude der Eltern und das verächtliche Mitleid der beiden anderen.

Es läutete. Das Dienstmädchen eilte zur Türe, im Salon hielten fünf Menschen den Atem an. Wer kam? Eine tiefe Stimme, unverständlich, dann schlurfte das Mädchen zurück und übergab dem hastig öffnenden Papa einen Brief. Aufreißen und lesen.

Sekretär Schneidler sagt mit bestem Dank ab, da er heimreise. Die drei Schwestern atmeten auf. Auf diesen Menschen hatte keine reflektiert. Es läutete wieder. Das Dienstmädchen überbrachte einen zweiten Brief.

Die Absage des Herrn Staatsanwalts Mollwinkler wegen Unwohlseins.

Drei Lebenshoffnungen waren vernichtet; der Vater blickte die

Mutter an, die Schwestern bissen sich auf die Lippen, und ihr Schmerz wäre unerträglich gewesen, wenn sich nicht ein klein wenig Freude an der Enttäuschung der anderen darein gemengt hätte.

Was tun? Papa Saltenberger raffte sich auf und sagte mit erzwungener Höflichkeit: »Wozu auch fremde Menschen? Nun wollen wir das Fest so recht unter uns begehen!«

Da läutete es wieder. Und diesmal kam der königliche Postadjunkt Geiger, welcher noch niemals abgesagt hatte.

Er hatte es nicht zu bereuen. Er war der verhätschelte Liebling der Familie; er bekam ein Paar Pantoffeln, einen Tabakbeutel und wollene Handschuhe, viele Süßigkeiten, Äpfel und Nüsse.

Er trank einen sehr guten Wein und einen famosen Punsch, er aß Rheinsalm, Rehbraten und Pudding und bewunderte die Freigebigkeit der Familie, welche für ihn allein so reichlich auftragen ließ.

Er sagte allen Damen Liebenswürdigkeiten und ließ sich von jeder in der gehobenen Stimmung auf die Füße treten.

Und als er ziemlich betrunken den Heimweg antrat, sagte er sich, dass das Familienleben doch sein gutes, besonders hinsichtlich der leiblichen Genüsse habe.

Und er verlobte sich am Silvesterabend mit der wohlhabenden Witwe Reisenauer, welche ein gut gehendes Geschäft am Marktplatz hatte.

Rolf Rettich: Robert zu Weihnachten

Es war ein schönes Weihnachtsfest gewesen, aber dann bekam Großmutter mit Großvater Krach, ausgerechnet am Heiligen Abend.

Großvater verschwand im Schlafzimmer, und Großmutter zog ins Wohnzimmer. Robert wurde in seinem Zimmer ins Bett gesteckt, zusammen mit dem neuen Spielzeug, das er bekommen hatte.

Dort lag er nun und lauschte. Großmutter sagte oft zu ihm: Deine Ohren werden vom Lauschen immer länger. Aber jetzt musste er einfach lauschen, er musste doch wissen, wie es draußen weiterging. Großmutter jagte hin und her. Sie schleppte Kissen, Nackenrollen und Bettzeug und was sie sonst noch für ihr Nachtlager brauchte.

Im Wohnzimmer, wo sie von nun an wohnen wollte, brannten immer noch die Kerzen am Weihnachtsbaum. Großmutter jagte immer schneller. Jetzt hantierte sie in der Küche, und Robert wusste, dass sie dort Tropfen wegen ihrer nervösen Galle einnahm. Von Großmutter hatte Robert bereits sehr früh gelernt, was so eine Galle ist. Es ist ein kleines Ding, das im Bauch bei Ärger auf- und abhüpft. Das kann aber genausogut passieren, wenn Erwachsene zuviel essen. Dann tut dieses Hüpfen auch noch weh. Robert wusste auch, dass Großmutter immer liegen musste, wenn ihre Galle so herumhüpfte. Durch den Türspalt sah er, wie sie aus der Küche herauswankte. Sie war jetzt nicht mehr rot im Gesicht wie vorhin. Jetzt war sie ganz blass. Gleich würde sie sich auf ihr neues Lager im Wohnzimmer legen und dann würde es losgehen.

Robert lauschte und wartete. Ja, da fing das Rülpsen an, und zwar ganz laut. Großmutter hatte das oft, wenn die Galle in ihrem Bauch hüpfte. Eigentlich immer, wenn sie sich mal wieder über Großvater geärgert hatte.

Was hatte Großvater nur diesmal falsch gemacht? Robert mochte den lieben lustigen Großvater mit seinen Späßen so gern. Doch Großmutter waren seine Späße einfach manchmal zu wild. Robert legte die Hände auf die Ohren, da war das Rülpsen weg. Doch als er sie fortnahm, tobte es im Weihnachtszimmer wieder weiter.

Einmal, als Großmutter auch so einen Gallentag hatte, hatte Robert ihr mit einem kleinen Löffel schwarzen Kaffee in den Mund geschoben, und das hatte etwas geholfen. Robert hatte nämlich Angst um Großmutter. Er konnte dann nicht mit ihr sprechen. Sie flüsterte nur immer wieder: »Lass mich.«

Robert merkte, dass er kalte Füße bekam. Der Kachelofen, an dem er sich wärmen könnte, stand wie eine Burg im Wohnzimmer, aber er kühlte langsam aus. Niemand hatte an diesem Abend daran gedacht, noch einmal zu feuern. Am liebsten wäre Robert zu Großvater ins Bett gekrochen. Doch Großvater schlief schon ganz fest, und zudem roch es im Schlafzimmer etwas stark nach Rum.

Im Wohnzimmer, wo Großmutter lag, war es auf einmal ganz still. Es war so still, dass Robert dachte: Schläft sie oder lebt sie überhaupt noch? Er stand auf und schlich leise zu Großmutter hinüber. Am Weihnachtsbaum brannten immer noch ein paar Kerzen. Auch der Kachelofen war noch ein bisschen warm. Es roch gut nach Wachs und Tannennadeln. Auf dem Tisch saß der alte Teddybär. Von Großmutter hatte er eine neue Hose bekommen, und Großvater hatte ihm einen Papierhut geklebt, ganz wunderschön in bunten Farben. Und Großmutter lebte noch! Sie war nur etwas matt. Sie blinzelte mit den

Augen, als sie Robert sah und flüsterte: »Ach Robert, du bist noch auf? Armes Kind, du bist ja ganz kalt.«

»Ich bin doch nicht arm«, sagte Robert, »ich bin der einzige, der noch ganz wach ist. Ich hab auf dein Rülpsen gelauscht. Wenn es nicht besser geworden wäre, hättest du wieder schwarzen Kaffee von mir gekriegt. Und Großvater habe ich richtig zugedeckt. Nun blase ich die Kerzen aus und gehe auch ins Bett.«

Robert kam sich ganz wichtig und tüchtig vor. Er fror überhaupt nicht mehr. Großmutter fragte leise: »Willst du vielleicht zu mir ins Bett?« Da schnappte sich Robert den Teddybären und – schwupp – war er im warmen Großmutterbett. Und gleich war da das gute Großmuttergefühl: der vertraute Geruch nach Seife, das vertraute Gefühl an ihrer Seite.

Großmutter ging es sicher ebenso, denn sie sagte: »Ist das jetzt schön mit dir, mein Kleiner.« Robert kuschelte sich ganz eng an sie. Er dachte: Gut, dass ich nicht eingeschlafen bin und so lange ausgehalten habe. Großmutter redet ja immer von Geduld? Ob Großvater wohl auch gern hier bei uns liegen würde? Oder wenigstens mit hier im Zimmer sein möchte? Großmutter lag da und guckte zur Zimmerdecke hoch, als ob es da was zu lesen gäbe. Die kleine Lampe neben dem Sofa war mit einem Tuch abgedeckt, das ein wenig verrutscht war. Der Lichtschein oben an der Decke sah aus wie ein Stern. Robert wurde müde und musste gähnen. Man müsste, dachte er, man müsste noch etwas vom süßen Baumbehang haben. Dann schlief er ein. Großmutter schlief auch. Es war ganz still.

Aber dann wurde Robert wieder wach. Da waren Stimmen. Und da war ein Gewühl auf dem Bett. Großvater lag auf der Großmutter und auf dem Teddybären und auf Robert. Gerade hatte Großmutter den Lichtschalter gefunden, es wurde hell. Robert sah in Großvaters Gesicht, das jetzt ganz verschreckt war. Großvater flüsterte immer wieder: »Also nein, das wollte ich nicht. Das wollte ich wirklich nicht!«

Unten auf dem Teppich lag der neue Teddyhut, er war ganz zerdrückt. Aber um solche Kleinigkeiten konnte sich Robert jetzt nicht kümmern. Er sprang zur Tür und knipste das große Deckenlicht an. Nun konnte er alles ganz genau sehen. Der Weihnachtsbaum war umgekippt. Er lehnte schräg am Kachelofen. Darunter verstreut lagen die Zuckerkringel, die in den Zweigen gehangen hatten. Robert wusste sofort, was passiert war.

Großvater bekam nachts oft Appetit auf Süßigkeiten. Er war also aufgewacht und hatte sich an den Weihnachtsbaum voller Zuckerzeug erinnert. Dann war er leise ins Wohnzimmer geschlichen, um zu naschen, und wie es so ist – er hatte den Weg verfehlt und war über das Sofabett gestolpert. Vor Schreck hatte er sich am Baum festgehalten und hatte ihn dabei umgerissen. Hoffentlich bekam Großmutter nun keinen neuen Gallenanfall. Nein, sie sagte mit sanfter Stimme: »Was machst du nur für Sachen, du dummer Kerl.« Großvater war hochgesprungen, als Robert das helle Licht angedreht hatte. Nun stand er zerknirscht da.

Robert sammelte schnell die Zuckerkringel auf, die überall herumlagen. »Ich geh lieber in mein Bett«, sagte er. Draußen lauschte er noch einmal. Er hörte, wie Großvater mit ganz kleiner Stimme sagte: »Ich hab so kalte Füße.« Und er hörte, wie Großmutter antwortete: »Dann komm am besten in mein Bett«, und dabei lachte sie. Die Wohnung wurde nun ganz still.

Robert lag mit seinem Teddybären im Bett. Die Tür stand ein wenig offen. Nebenan im Wohnzimmer schimmerte der hohe weiße Kachelofen wie ein großer Engel, der Wache hielt.

Oskar Weber: Wenn in der Mettennacht die Rösser reden

In der Sägemühle, wo ich als Kriegskind aufgewachsen bin, ist der Onkel Franz der Herr gewesen und hat ganz allein angeschafft, weil er noch nicht verheiratet war, und seine drei Schwestern haben ihm die Wirtschaft geführt. Seine älteste Schwester, meine Tante Luise, ist zu mir wie eine Mutter gewesen, und ich habe auch bei ihr im Zimmer schlafen dürfen, weil ich mich in der Nacht so vor dem Teufel gefürchtet habe, von dem mir der alte Sagschneider-Muckl, unser Knecht, so gruselige Geschichten erzählt hat. Die Tante Anny und die Tante Gretl haben mich immer ausgelacht und zu ihrer ältesten Schwester gesagt, sie soll mich doch endlich allein schlafen lassen, sonst wird aus mir nie ein schneidiger Bub, und sie erzieht mich zum Feigling.

In den Raunächten habe ich mich am meisten gefürchtet, weil mir der alte Muckl im Sagstüberl immer vom wilden Gjaid erzählt hat, wie es über den Wald braust und alles mitreißt, was ihm in den Weg kommt.

Wenn ich dem Onkel Franz gesagt habe, was mir der Muckl alles erzählt, dann hat sein Mund immer so spaßig gezuckt, als ob er sich zusammennehmen muss, dass er nicht lacht. Aber dann hat er doch wieder recht ernsthaft genickt und nur gesagt: »Ja, ja, Bua, solche Sachen gibt's!«

Auf Weihnachten ist der Bräutigam von der Tante Gretl zu uns auf Besuch gekommen, er war ein Gymnasialprofessor und beim Deutschen Turnverein Vorturner. Er hat immer von den alten Germanen erzählt und wie tapfer dass die gewesen sind. Wenn ihnen der Feind in der Schlacht die rechte Hand abgeschlagen hat, dann haben sie das Schwert schnell in die linke Hand genommen und wieder weitergekämpft, bloß wenn der Kopf gefehlt hat, war der Germane kampfunfähig.

Ich und der Onkel Theo sind oft auf der Straße mitsammen marschiert und haben Turnerlieder gesungen, und die sind so gegangen: »Wir Deutschen fürchten Gott allein, sonst nichts auf dieser Welt ...« und ein anderes hat geheißen: »Lieb Vaterland, magst ruhig sein ...« und wieder ein anderes hat angefangen: »Der Gott, der Eisen wachsen ließ, der wollte keine Knechte ...«

Die Tante Gretl hat zu mir gesagt: Der Onkel Theo ist mein bestes Vorbild! Wenn ich einmal groß bin, muss ich auch so stramm und schneidig werden wie ihr Bräutigam, der fürchtet keinen Teufel nicht!

Am Heiligen Abend sind wir alle in der schönen Stube beisammen gesessen – um den Christbaum – der Onkel Theo hat als einziger Julbaum gesagt wie die alten Germanen. Die Tante Luise hat sich darüber geärgert und ganz schnippisch gesagt: »Bei uns heißt er Christbaum!« Der Theo hat aber nicht nachgegeben und erst recht mit Fleiß »Julbaum« gesagt. Da ist die Tante Luise aufgesprungen, hat ein Kreuz geschlagen und ist schnell zur Tür hinaus.

Die anderen haben nur darüber gelacht und sind gemütlich sitzen geblieben.

Der Onkel Franz hat sogar Raunachtsgeschichten zu erzählen angefangen, da hab ich aufgepasst wie ein Haftelmacher und meine Füße auf die Bank hinaufgezogen, weil die Wadel so gezuckt haben. Dann hat mich der Onkel Franz gefragt, ob ich das weiß, dass in der Mettennacht Schlag zwölf Uhr im Stall die Rösser reden, und ob ich mir das nicht einmal anhören will? Ich habe gesagt, das weiß ich schon, aber ich bin nicht so neugierig. »Du bist ein Feigling«, hat mich der Theo ausgelacht und dann hat er mir gleich eine Kopfnuss gegeben aus Spaß, dass ich geglaubt habe, mich hat der Blitz gestreift. Der Onkel Franz lässt mich auch nicht in Ruhe und sagt, ich muss es unbedingt hören, was die Rösser in der Mettennacht alles weissagen, ob einer stirbt oder verunglückt, wo ein Feuer ausbricht oder ein Schatz vergraben liegt, über das alles reden in der Mettennacht die Rösser.

Ich habe nur den Theo angeschaut, und der hat mir zugenickt, dass ich mich nicht fürchten soll, weil ich doch ein Deutscher Turner bin! Ich soll mich nur Schlag zwölf Uhr in den Rossstall schleichen, das ist eine germanische Mutprobe, und wenn ich die bestehe, dann darf ich zu ihm Turnbruder sagen.

Die Tante Gretl und die Tante Anny haben gelacht und zu den Onkeln gesagt, sie sollen aufhören mit der Dummheit, weil ich sonst aus lauter Angst ins Bett mache ...

Das war gemein! Eine Zeitlang haben sie mich noch ausgelacht, und das hat mich sehr geärgert. Die Tante Luise hat noch einmal beleidigt zur Tür hereingeschaut und mich gleich ins Bett gestampert. Aber wie ich hinter ihr hinaus bin, hab ich schnell dem Theo ins Ohr geflüstert, dass ich die Mutprobe bestehe ... In der Schlafkammer von der Tante Luise bin ich dann über eine Stunde wach gelegen und habe gehorcht, ob die Tante schon schnarcht, und wie sie es getan hat, bin ich vorsichtig aus dem Bett gestiegen, habe im Finstern meine Kleider angezogen und bin zur Tür hinausgeschlichen. Im Vorhaus war der Riegel von der Hoftür auf, den muss wer zuzumachen vergessen haben, und wie ich zum Rossstall komme, steht dort das halbe Tor auf, und ich höre schon, wie die Rösser im Stall unruhig scharren. Ich habe eine fürchterliche Angst gehabt und ich glaube auch das Bauchzwicken. Aber dann habe ich drei Kreuze geschlagen und dreimal dazu gesagt: »Alle guten Geister loben Gott, den Herrn ...« und dann bin ich hinein in den Stall ...

Es hat sich nicht gleich was gerührt, nur der Bräundl und die Liesl haben so unruhig geschnaubt, grad so, als ob wer im Stall ist, der nicht hineingehört. Ich hab sofort an den Teufel denken müssen und habe mich wieder bekreuzigt. Alle Sünden sind mir eingefallen, aber es war keine Todsünde nicht dabei. Am liebsten wäre ich wieder hinaus, aber die Füße sind mir wie Blei gewesen ...

Auf einmal höre ich, wie der Bräundl sagt: »Du Liesl, hast es ghört, grad hat's zwölfe gschlagn ...«

Und die Liesl sagt mit einer raunzigen Stimme: »Ja, ja, 's Jahr is bald um, und unsern Lausbuam wern ma aa nimmer lang habn, den holt im neuen Jahr der Teufi, weil er so lüagt ...«

Und der Bräundl sagt drauf: »Und lerna tuat er aa nix in der Schui, bloß raufen ...«

Und die Liesl sagt wieder: »Und wie der seiner Tante nachschleicht, wenn sie mit dem Onkel Theo im Wald spazierengeht, und wie er ihr dann frech ins Gsicht schaut, wenn s' heimkommt, da kann ma nur sagn: frech wie Oskar!«

»Und doch so feig!«, sagt der Bräundl, »aber na ja, es dauert nimmer lang, in der letzten Raunacht vor Dreikönig is er gliefert, ich glaub, der mitn Rossfuaß schleicht eh schon ums Haus, weil's gar so nach Schwefel stinkt ...«

Und wirklich ist draußen einer über den Hof gegangen. Da habe ich die Mutprobe nicht länger ausgehalten und schrei, was grad aus mir herausgeht ...

Auf einmal steht einer in der offenen Tür und leuchtet mir mit einer Stalllatern ins Gesicht; es war der Pankraz, der Rosser, ein ganz grober Knecht, und er plärrt mich auch schon an, was ich mitten in der Nacht im Rossstall will, und ich soll schaun, dass ich nauskomm, sonst lasst er mir die Goaßl hinum.

Da hab ich was gestottert vom Onkel Theo, der gesagt hat, ich muss eine Mutprobe bestehen, und jetzt hab ich sie bestanden, weil ich zugehört hab, wie der Bräundl und die Liesl in der Mettennacht reden können ...

Misstrauisch hat der Rosser seine Stalllatern in die Höh gehoben und zum Futterbarrn hingeleuchtet, und da habe ich es ganz deutlich gesehen, wie dahinter der Onkel Theo und die Tante Gretl gehockt sind, und mir ist auf einmal ein Licht aufgegangen, was das für Stimmen waren, die für die Liesl und den Bräundl geredet haben.

Der Theo hat gleich geschrien: »Licht aus!« und ist mit einer Flanke über den Barrn gesprungen. Aber der Pankraz hat ihm gleich den Weg verstellt und lässt ihn nicht zur Stalltür hinaus. Der Theo schreit ihn an: »Kerl, gib den Weg frei!«

Und der Rosser sagt unheimlich ruhig: »Dir gib i glei an Kerl, du Stadtfrack, du zammzupfter!« und mit einem Handgriff reißt er eine Goaßl von der Wand und zieht aus, dass es nur so schnalzt ...

Da schreit ihn die Tante an: »Pankraz, bist denn narrisch!« Aber der Rosser tut, als ob sie gar nicht da ist, und schnalzt ein zweites Mal, dem Theo jetzt direkt über die Wadeln. Der hupft wie ein Geißbock in die Höhe und schreit mit einer Stimme, die überschnackelt: »Sie, ich bin Akademiker!« Und der Rosser treibt ihn im Stall herum und sagt:

»Was bist? A Hanswurscht bist, a Sprüchbeutl, a ganz a miserablicha, des Müllner-Deandl is viel z'guat für di! Du Malefizer, du hundshäuterna, du luftgselchta Baazi, obst aus mein Stall außi gehst oder net!« Und immer wieder schnalzt er dem Theo eins über die Wadeln und jagt ihn mit der Goaßl zur Stalltür hinaus. Die Tante Gretl gibt dem Rosser ein Trum Watschen, aber die spürt der gar nicht, er legt nur die Goaßl aus der Hand und schnupft eine Pris …

Die Tante rennt voller Zorn in den Hof hinaus und schreit: »Theo, bleib stehn, wehr dich! So bleib doch stehn, du Feigling …!«

Aber mein Turnbruder, der Theo, ist nicht stehen geblieben, er ist geschwind ins Haus gelaufen und hat uns sogar hinausgesperrt, wir haben lange pumpern müssen, bis uns wer gehört hat. Der Theo ist aber nicht mehr in seinem Zimmer gewesen, er ist noch in der gleichen Nacht in die Stadt zurückgefahren. Warum, das weiß ich nicht. Vielleicht, weil ihn die Tante Gretl einen Feigling geschimpft hat und er ist beleidigt gewesen. Oder er hat sich geschämt, weil er doch kein tapferer Germane war. Und mein Vorbild ist er auch nicht mehr gewesen, und die Germanen hab ich seither dick, ich bin froh, dass es sie nicht mehr gibt.

Astrid Schäfer: Das perfekte (Weihnachts-)Dinner

Am ersten Weihnachtsfeiertag hat sich bei Familie Leuter hoher Besuch angesagt. Obwohl – »hoher Besuch« ist nicht der richtige Ausdruck, »heiß ersehnter Besuch« trifft die Sache wohl eher. Doch diejenige, die den Besuch besonders herbeisehnt, macht einen Aufstand, als würde zumindest der Bundespräsident erwartet. Nun ja, wenn der Bräutigam in spe den Antrittsbesuch bei den Schwiegereltern in spe abstattet, dann ist das keine simple Angelegenheit, sondern fast ein Staatsakt. Zumindest in den Augen der jungen Frau, um die es geht.

Wochenlang schon hat sie mit der Mutter die Menuefolge an diesem bedeutungsvollen Tag durchgekaut, bis die Mutter schließlich entnervt bestimmt hat: »Es gibt einen Gänsebraten, wie immer. Aus, Äpfe, Amen. Eine gute Pfannkuchensuppe davor und danach eine Bayrischcreme. So einen französischen Schnickschnack, wie du da haben willst, kannst ihm dann selber kochen.« Dabei muss sie ein bisschen in sich hineinlachen, denn die große Tochter ist eher die theoretische Köchin, die zwar mit Begeisterung sämtliche Kochshows im Fernsehen anschaut, selber aber kaum ein Ei aufschlagen kann.

Nun muss noch der Vater instruiert werden, welche Getränke er zu besorgen und wie er das Tranchieren des Bratens zu zelebrieren hat. Der vorlauten kleinen Schwester wird ein Kinobesuch in Aussicht gestellt mit Popcorn und allem anderen Trallala, wenn sie in Anwesenheit des künftigen Schwagers den Mund hält, und der Familienhund wird trotz heftigstem Widerstand gebadet und gestriegelt, sodass man sich in seinem rotbraunen Fell schier spiegeln könnte und ein eher hundsuntypischer Wohlgeruch von ihm ausgeht.

Dann ist der große Tag da. Johanna, die größere Leutertochter, bringt Stunden damit zu, den Tisch im Esszimmer aufs Herrlichste einzudecken, sie nimmt sogar ein Lineal zuhilfe, um Besteck und Gläser und Serviette an jedem Platz in genau demselben Abstand hinzulegen. Das hat sie dem Butler eines englischen Herrenhauses in einer Fernsehserie abgeschaut. Die kleine Schwester wird einer aufmerksamen Inspektion unterzogen, ob sie auch dem feierlichen Anlass entsprechend angezogen und ordentlich gekämmt ist – und im letzten Moment, als es schon an der Haustür klingelt, hetzt Johanna noch in die Küche, um der Mutter die wenig fashionable Kochschürze wegzureißen.

Der geneigte Leser kann sich gewiss vorstellen, wie steif der Besuch vonstatten geht. Nach der Begrüßungsrunde mit artigem Händeschütteln sitzen alle am Tisch und widmen sich der Suppe. Ein Glück, dass man mit vollem Mund nicht sprechen darf, so kommt keiner in die Verlegenheit, ein passendes Gesprächsthema finden zu müssen. Nur das Klappern der Löffel hört man und einmal ein leises Schlürfgeräusch, als Sophie einen Pfannkuchenbandwurm von ihrem Löffel einsaugt. Von einem drohenden Blick der großen Schwester zur Raison gebracht, bleibt das aber ein einmaliger Ausrutscher. Auch der Gast scheint nicht recht zum Reden aufgelegt. Ob das an der hochherrschaftlichen Pracht auf dem Tisch oder an der einschüchternden Anwesenheit des riesigen Leuterhundes unter dem Tisch liegt, weiß niemand zu sagen. Das kann ja heiter werden, denkt der Leutervater und schaut über den Tisch weg seine Frau an, die als Antwort gottergeben ihre Augen gen Himmel verdreht.

Nun also werden die Schüsseln mit dem Blaukraut und den Knödeln aufgetragen, die Sauciere und endlich die Krönung des Mahls, der wunderbare Gänsebraten. Er wird vor den Vater hingestellt, der nun aufsteht, um seines verantwortungsvollen Amtes zu walten. Er setzt das große Tranchiermesser an – doch leider hat keiner daran gedacht, das Schneidegerät ordentlich über den Wetzstein zu ziehen. Der Vater drückt also heftig auf das Brustbein der Gans, die Gans wehrt sich und ergreift zu guter Letzt die Flucht: Auf ihrem eigenen Fett schlittert sie von der Porzellanplatte – schlittert quer über den Tisch, räumt dabei ein paar Weingläser zur Seite – schlittert über die Tischkante und in den Schoß des jungen Mannes. Der umarmt mit der bewundernswerten Geistesgegenwart und Geschicklichkeit des Hobby-Fußballtorwarts (geübt ist geübt!) blitzschnell die Gabe, bevor sie noch unter den Tisch rutschen kann. Dort würde sie wohl unweigerlich zur Beute des auf heimlich zugereichte Leckerbissen wartenden Hundes. Ein paar Sekunden lang sitzt die gesamte Familie wie zu Salzsäulen erstarrt da, dann kommt Bewegung in die Sache. Der Florian schreit: »Au, verdammt, is des Viech hoaß!«, der Vater schreit: »Wart, i huif da!«, die Mutter schreit: »Schnoi, gebts eahm a Serviettn!«, die große Tochter jammert: »Mei, du armer Schatzi«, die kleine Tochter fällt vor lauter Lachen mit ihrem Stuhl hintüber und der Hund muss in dem ganzen Tohuwabohu natürlich auch mitmischen und fängt aufgeregt zu bellen an.

Tatsächlich wird die Gans vom Leutervater geborgen und wieder auf die Servierplatte gehievt, doch wie sieht der Sonntagsanzug des Gastes aus? Ein riesengroßer Fettbatzen, der sich auf sämtlichen Teilen der Gewandung ausgebreitet hat, gibt deutlich Kunde von dem erlittenen Malheur. Nun, dem Armen kann geholfen werden. Zwar hat der Leutervater keinen Mantel an, den er wie der heilige Martin mit dem Florian teilen könnte, doch eine Jeans und ein weißes Hemd aus dem hausherrlichen Kleiderschrank tun's auch. Die Sachen sind ein bisserl weit und die Hosen noch dazu ein bisserl kurz, aber was tut's? Während dann die Johanna mit Servietten die Schlitterbahn der Gans und die Rotweinflecken auf dem Tischtuch abdeckt, tranchiert der Leutervater das Viech – ganz unzeremoniell in der Küche. Nach einer kurzen Aufwärmphase im Backofen wird der gerettete Braten dann ein zweites Mal serviert. Und auch die Tischrunde hat sich merklich aufgewärmt, denn gemeinsam durchgestandene Katastrophen verbinden ungemein …

JOSEF FENDL: »Exstinguas!«

Das war damals, als die Sprache der katholischen Liturgie noch fast ausnahmslos das Lateinische war.

In Lauterbach, einem respektablen Pfarrdorf im Niederbayerischen, war die kleine Kirche schon so baufällig geworden, dass der langgehegte Wunsch der Gemeinde, ein größeres Gotteshaus zu bekommen, endlich Wirklichkeit geworden war.

Seine Exzellenz, der Hochwürdigste Herr Diözesanbischof höchstselbst, hatte sich zur Weihe dieser Kirche am Tag des heiligen Erzmärtyrers Stephanus (am zweiten Weihnachtsfeiertag) zur Kirchenweihe angesagt und nicht etwa seinen Weihbischof oder gar nur einen Domkapitular damit beauftragt.

Wochenlang hatte man sich in der Pfarrei schon auf diesen hohen Besuch und die anstehenden Feierlichkeiten vorbereitet, und bei der insgeheim inszenierten Generalprobe klappte auch alles wie am sprichwörtlichen Schnürchen.

Nur beim Kauf der Altarkerzen hatte sich der Herr Pfarrer Höglmeier offensichtlich eine etwas mindere Qualität andrehen lassen. Denn während der Weihehandlung brannten gleich zwei davon so unvorschriftsmäßig nieder, dass sich kleine Wachspfützen auf dem Altartuch auszubreiten begannen.

Seine Exzellenz sah das wohl als erster und sagte zum dienstfertigen Mesner Ambrosius Siebenhärl in der ihm geläufigen liturgischen Sprache laut und vernehmlich: »Exstinguas!« (»Lösch sie aus!«)

Der Mesner, der gerade noch das »Flectamus genua« der Karwoche oder das »Rorate coeli desuper« der Engelämter in der ihm sonst fremden lateinischen Sprache verstand, holte ein paarmal tief Luft, zog sie prüfend durch seine etwas überdimensionierte Nase, ging dann zum Herrn Bischof hin und sagte im Brustton der Überzeugung und in jedermann verständlichem Niederbayerisch: »I schmeck fei nix, Exzellenz!«

GÜNTER GOEPFERT: Die Rau(sch)nacht des Alois Silbernagel

Ursprünglich hatte man ihm nach seinem Vater und Großvater den Taufnamen Alois gegeben. Aber nach jener denkwürdigen Nacht zwei Tage vor dem Dreikönigsfest musste er es sich gefallen lassen, dass er als der Loas-Loisl in die Dorfgeschichte einging. Namentlich das erste der beiden Wörter sprach man betont genüsslich aus, wobei jeweils der Schalk in den Augen des Sprechers aufblitzte und der Lautmalerei einen besonderen Nachdruck verlieh.

Alle mit der bairischen Sprache halbwegs vertrauten Menschen wissen, dass mit der »Loas« ein Mutterschwein gemeint ist. Wie ein solches freilich dem Alois Silbernagel zum Namenspatron wurde, ist eine nicht alltägliche Geschichte.

Beim Neuwirt begann sie jedenfalls. Zum Schafkopfen hatten sich der Gutsverwalter, der Metzger, der Schmied und natürlich, als leidenschaftlichster Kartenspieler in der Runde, der Schreiner Loisl zusammengefunden. Und bald dröhnte unter den Trümpfen der Männer die blanke Ahornplatte des Tisches, dass man befürchten musste, sie wollten Kleinholz daraus machen.

Das gewonnene Geld wurde diesmal, einem vom Schmied eingebrachten Vorschlag zufolge, auf Heller und Pfennig in Bier und Schnaps umgesetzt und gleich an Ort und Stelle gemeinsam vertrunken. Und weil der Loisl, wie bekannt war, zwar als gewiefter Kartler seinen Mann stellte, aber sonst wenig vertrug, machten sich seine Schafkopfbrüder einen Spaß daraus, ihm besonders aufdringlich zuzuprosten. Dabei nahmen sie es mit ihren Herausforderungen nicht so genau, und es war Ehrensache, dass er sich nicht länger einen »Trenser« heißen lassen wollte, sondern auch hier versuchte, seinen Spezln zu beweisen, was er verkraften konnte. So gerieten auch sie nach und nach aus Schadenfreude über den immer bedenklicher werdenden Zustand des Loisl in eine derart ausgelassene Stimmung, dass der Wirt zur Sperrstunde alle Tricks anwenden musste, um seine Gäste endlich zum Heimgehen zu bewegen.

Draußen war in den vergangenen Stunden jener Szenenwechsel erfolgt, der hierzulande nichts Außergewöhnliches ist, der jedoch den schwankenden Gestalten buchstäblich den Boden unter den Füßen wegzog: Ein jäh einfallender Föhn hatte nämlich alle Wege und Straßen in spiegelglatte Eisbahnen verwandelt. So war es ein grotesker Anblick, wie die Männer, die sonst Wert darauf legten, eine respektierliche Figur zu machen, sich auf allen Vieren fortbewegten und dennoch kaum vom Fleck kamen. Während es jedoch jene, die ihren im Tal liegenden Domizilen zustrebten, bald leichter hatten und schnell darauf kamen, dass ihr Hinterteil für Bremszwecke unerlässlich war, hatte es der Loisl, dessen Wohnstätte auf einer Anhöhe lag, ungleich schwerer. Kaum hatte er unter größter Anstrengung ein paar Meter gewonnen, so genügte die kleinste Unachtsamkeit, dass er wieder den ganzen Weg mit aller der Schwerkraft eigenen Vehemenz zurückrutschte. Zwei-, dreimal krachte er demzufolge mit solcher Wucht gegen die Haustür des Sixtbauern, dass dieser schließlich aus tiefem Schlaf erwachte und auf den Pumperer aufmerksam wurde. Und weil es eine moralische Pflicht ist, dass ein Christenmensch dem andern hilft, nahm sich der Bauer nach ein paar unwirschen Maunzern des Loisl an. Nachdem dieser inzwischen jedoch alle untrüglichen Merkmale einer Bierleiche aufwies und zudem das Glatteis jede andere Hilfsaktion unmöglich machte, zog ihn der Sixt ins Haus. Dann aber, als er einerseits an seine kritische Bäuerin, andererseits aber auch an den fragwürdigen Zustand seines ungebetenen Gastes und die damit zusammenhängenden unausbleiblichen Folgen gedacht hatte, schleifte er ihn in die nächstbeste Ecke des angrenzenden Stalles. Ein paar Arme voll Stroh als Liegestatt waren schnell herbeigeschafft, ebenso ein Woilach als Zudecke.

Was den Loisl später veranlasst hat, sein Lager zu verlassen, kann man leicht erahnen. Gewiss ist jedenfalls, dass er sich nachher in der Finsternis verirrt und, vielleicht von der Wärme der Muttersau angezogen, bei ihr Zuflucht gesucht hat; zu ihrer Ehre sei vermerkt, dass sie trotz ihrer Schwergewichtigkeit äußerst rücksichtsvoll und von mütterlicher Sanftmut war. Letztere ließ sie auch ihrem Schlafgänger angedeihen, dem es in einer instinktiven Anwandlung von Dankbarkeit ein Bedürfnis war, einen Arm um die wohlgerundete Taille seiner Schlafgefährtin zu legen. So fand ihn der Sixt am Morgen. Und es war durchaus ein Bild der Eintracht und des Friedens, das dieses ungleiche Pärchen ausstrahlte. Weil aber eine Kuriosität selten allein bleibt, passierte es, dass der älteste Sohn, vom schallenden Gelächter seines Vaters angelockt, nichts Eiligeres zu tun hatte, als seine Fotokamera zu holen, um dieses Stillleben festzuhalten.

Wie nicht anders zu erwarten, ging bald darauf dieses Corpus delicti in Form eines gelungenen Farbfotos von Hand zu Hand und sorgte in der Gemeinde für überschäumende Heiterkeit und für eine wachsende Popularität der Person des Schreiners. Wobei sich wieder einmal das alte Sprichwort bewahrheitete: Wer den Schaden hat, braucht für den Spott nicht zu sorgen.

Freilich, auch wenn diese Raunacht seine letzte Rauschnacht war, der Name Loas-Loisl ist ihm geblieben – bis auf den heutigen Tag.

OSKAR WEBER: Dreikönigsmenagerie

Der Winter ist hart für die Zirkusleut, besonders dann, wenn so ein kleiner Wanderzirkus auf eisigen und schneeverwehten Straßen zu seinem Winterquartier unterwegs ist und plötzlich nicht mehr weiterkann, weil ihn Väterchen Frost mit eisiger Faust festhält oder weil dem Herrn Direktor dieser circensischen Kunstanstalt der letzte Diridari ausgeht und somit auch das Dieselöl für seine Schlepper.

Zu so einer unfreiwilligen Rast wurde auch der Zirkus »Centurio« im Gebirgsdorf Kematen gezwungen. Ein übereifriger Manager hatte der Direktion dieses weltferne Nest als aufstrebenden Winterkurort empfohlen, Kematen sei ein neuentdecktes Skiparadies, und eine Bergfahrt dorthin würde sich wohl lohnen.

Die Realität sah anders aus. Der Bau eines geplanten Skilifts war im Spätherbst nicht mehr fertig geworden, das im Prospekt angekündigte Sporthotel »Alpina« stand nur im Rohbau, gewisse Finanzierungsschwierigkeiten führten zum Baustopp. Der Wirt des behäbigen Dorfgasthofes »Zum wilden Mann« schien an diesen negativen Finanzaktionen nicht ganz unbeteiligt, doch das war nur Flüsterpropaganda, wer will sich schon in Kematen mit dem »Wilden Mann« anlegen.

Kein Wunder also, dass die Kurgäste ausblieben und das verheißungsvolle Skiparadies keine Sportler anlockte, die sich laut Prospekt »im weißen Eldorado der Berge« in Massen hätten einfinden müssen, wenn dieser Werbeslogan nicht so maßlos übertrieben gewesen wäre.

In Wahrheit aber fand der falsch in Marsch gesetzte Wanderzirkus nur ein winterlich verschlafenes Gebirgsdorf vor, das keine hundert Einwohner zählte und die Ankunft der Zirkusleut mit Misstrauen verfolgte.

Als dem Direktor auch noch verboten wurde, am Sportplatz der Gemeinde sein Zelt aufzuschlagen, versuchte er das nötige Kleingeld für die Heimreise mit der »Tierschau« seiner winzigen Menagerie zu verdienen. Die Einnahmen waren spärlich, sie reichten kaum für die Futterbeschaffung, geschweige für die Weiterreise. Die Not der Zirkusleute fand wohl Gaffer, doch keine Helfer.

Als nach einigen Tagen unfreiwilligen Aufenthalts auch noch die Futtervorräte für die Tiere zur Neige gingen, fanden sich doch ein paar mitleidige Bauern in unmittelbarer Nachbarschaft des Dorfes, die bereit waren, ein Kamel, einen Esel, einen dressierten Ziegenbock und ein Zebra für Gotteslohn auf ein oder zwei Wochen in Kost und

Logis zu nehmen, bis das Unternehmen mithilfe des Tierschutzvereins und sonstiger Gönner wieder flüssig sein würde.

Im Kuhstall des Hahnriederhofes fand das Kamel eine Unterkunft, beim Bergauer der Esel seinen Kostplatz, der dressierte Geißbock logierte bei seinen Artgenossen im Ziegenstall der Witwe Zacherl. Für das Zebra hatte der Mooshäuslbeni ein Erbarmen, es fand im ehemaligen Rossstall des Kleinbauern ein warmes Strohlager ohne Zugluft, denn der Beni verklebte noch vor der Einquartierung die zerbrochenen Fensterscheiben mit Packpapier.

In diesen Tagen, kurz vor Heiligdreikönig, kamen die Hahnriederbuben plötzlich auf die Idee, als Sternsinger mit einem echten Kamel von Hof zu Hof zu wandern; der Reinerlös für diesen biblischen Brauch sollte den Zirkusleuten zugutekommen. Diese hatten durchaus nichts dagegen und ließen die Hahnriederbuben als »Heilige Drei König« mit dem Kamel bucklauf-bucklab durch den Schnee stapfen.

Im Gasthof »Zum wilden Mann« fand wie jedes Jahr am Dreikönigstag das legendäre Herodesspiel statt. Der Spielleiter Brosinger hatte aus aktuellem Anlass den genialen Einfall, die »Flucht nach Ägypten« diesmal mit einem echten und nicht mit einem hölzernen Esel in Szene zu setzen. Selbstverständlich musste dieser Mehraufwand an Inszenierungskosten durch einen Sonderobolus für den entliehenen Esel honoriert werden, der natürlich, wie leicht zu erraten, aus der einquartierten Zirkusmenagerie stammte. Der Bergauer war durchaus damit einverstanden, dass sein Kostgänger zum Star des Herodesspiels wurde, spielte er doch selbst den heiligen Josef, der wirklich froh und stolz darauf war, die biblische Flucht ins Nilland auf einem echten Esel anzutreten.

Die Sternsinger mit dem Kamel und das Herodesspiel mit dem fleischgewordenen Fluchtesel erbrachten einen stattlichen Reinerlös für die festgefahrene Wagenkolonne des Zirkus »Centurio«.

Die liquide Direktion konnte wieder an Abreise und Heimkehr ins Winterquartier denken, die biblische Jahreszeit war für die Zirkusleut trotz aller Enttäuschung ein Segen. Der Abstecher in das Gebirgsnest, das noch kein »weißes Eldorado der Berge« war, brachte immerhin die Fahrtkosten ein.

Der dressierte Ziegenbock und das Zebra waren weniger produktiv als Kostgänger, sie haben durch keine Eigenleistung das Reisekapital vermehrt.

Nur der kleine Moosbauernhansi, der als vierjähriger Stöpsel noch nicht die Schulbank drückte und doch ein recht aufgewecktes Bürscherl war, schlich immer wieder zum Zebra in den Stall und bewunderte seinen gestreiften Fellanzug. Der Vater hatte ihm streng verboten, an das Zebra nahe heranzugehen, denn das »Rössl« könnte ausschlagen, und so sah der Bub das gestreifte Fell nur im Dämmerschein der zugeklebten Stallfenster. Und so war es auch verständlich, dass der kleine Flori seinem Vater die neugierige Frage stellte: »Gell, Papa, des gstroafte Rössl, wo ma jetzt im Stall ham, des hat den Schlafanzug vom Christkindl kriagt?«

Herbert Schneider: Alle bösen Geister!

Soll der Maßschneider nun an Heiligdreikönig, so wie er es letztes Jahr gehalten hatte, die Wohnung ausräuchern oder nicht? Einerseits war ja sein Heim das vergangene Jahr über von bösen Geistern ziemlich verschont geblieben, andererseits aber waren die Schicksalsschläge, die nicht nur ihn während der Zeremonie ereilt hatten, erschreckend gewesen!

Wie von den Großeltern gewohnt, hatte er da Weihrauch und Myrrhe auf einer Kohlenschaufel entzündet und war dann wie ein Hohepriester, gefolgt von seinem Eheweib, durch die Wohnung geschritten.

Den Blick hatte er dabei zur Höhe gerichtet und deshalb übersehen, wie ihm am Fußboden einer der schon erwähnten bösen Geister einen Schlappschuh in die Quere legte. Der Maßschneider stolperte, und der Inhalt der Schaufel verstreute sich auf den Fleckerlteppich, der sofort zu brandeln anfing. Blitzschnell riss er die Leinendecke mitsamt dem Teegeschirr vom Tisch und schleuderte sie auf den Brandherd. Dabei zerbrach zum Glück die Kanne, und die Flammen erstickten unterm auslaufenden Tee.

Ob er denn nicht einen Putzlumpen hätte nehmen können anstatt ihrer schönsten Decke, jammerte die Maßschneiderin und schlug vor, die Prozedur abzubrechen.

»Aber du siehst doch selber, mit welch heimtückischen Hausbesetzern wir es hier zu tun haben«, meinte der Maßschneider. Mit einer Pinzette sammelte er das Streugut wieder auf, trocknete es sorgfältig mit einem Föhn und entzündete es aufs Neue.

Er ging nun mit feierlich erhobener Schaufel sofort ins Schlafzimmer und sagte zu seiner Begleiterin: »Die allerboshaftesten Geister hocken gewöhnlich unter den Ehebetten!« Und er bückte sich, um mit seinem Kultgerät unter die Matratze zu fahren.

Doch ach, wie er da die Schaufel so hin- und herschwenkte, schoss ihm von hinten eine Hexe ins Kreuz. Mit einem Schmerzensschrei ließ er die Schaufel fallen, erhob sich ächzend und ließ sich aufs Bett sinken.

Während er nun da so lag und stöhnte, drang plötzlich Rauch unter den Matratzen hervor. »Um Gottes willen, die Schaufel!«, rief der Maßschneider. Seine Frau kreischte hysterisch auf, lief in die Küche und ergriff die nächstbeste Flasche, um zu löschen.

Unglücklicherweise war es das Salatöl, das ihr wahrscheinlich der Teufel persönlich in die Hand gespielt hatte. Sie goss es auf die Schaufel, eine Stichflamme schoss hoch und die Matratzen fingen Feuer. Die Maßschneiderin handelte jetzt blitzschnell, wenn auch mit äußerster Brutalität. Sie zerrte den Maßschneider aus dem Bett und deponierte ihn auf dem Fußboden. Dann warf sie zuerst die Schaufel und dann die Matratzen in die Badewanne und löschte mit dem vollen Strahl der Brause.

Der Maßschneider konnte ihr seine Hochachtung nicht versagen. »Das wird den Geistern zu denken geben«, sagte er. »Aber du musst jetzt noch die Türen mit den Anfangsbuchstaben der Heiligen Drei Könige und der neuen Jahreszahl versehen. Dann wird ihnen der Appetit auf Unfug endgültig vergehen!« Die Maßschneiderin holte die geweihte Kreide und stellte einen Schemel unter die Tür. Dann malte sie die geisterabwehrenden Runen und Zahlen an den oberen Türrahmen. Nur noch eine Zahl hätte sie hinzuzuschreiben gehabt. Sie beugte sich weit nach rechts. Und da ließ der vermutlich letzte böse Geist, der noch im Hause war, den Schemel kippen und die Maßschneiderin in die danebenstehende Glasvitrine mit dem schönen Sonntagsporzellan stürzen. Es war ein furchtbares Klirren und Scheppern, dem, nach einem Augenblick Stille, ein herzzerreißendes Wehgeschrei folgte.

Nicht einmal helfen konnte der Maßschneider, wie sich sein Eheweib mühselig und aus mehreren Wunden blutend aus den Scherben herauswand! Wie sie dann endlich still nebeneinander auf dem Kanapee lagen, bleich, aber doch mit heilbaren Schäden davongekommen, sagte der Maßschneider: »Was glaubst du wohl, was uns diese Teufel das ganze Jahr über noch angetan hätten, wenn wir ihnen heute nicht endgültig das Fürchten gelehrt hätten!«

»Ich bin dir auch unendlich dankbar«, meinte darauf die vielfach Geschnittene mit talergroßen Tränen in den Augen.

HEINRICH LUDWIG: Drei dunkle Gestalten

Als Lorenz Walz die drei Männer auf sich zukommen sah, bekam er Angst, große Angst.

Er hatte auch allen Grund dazu.

Es war nämlich Nacht, die Straße menschenleer und nur ab und zu verbreiteten Straßenlampen einen dürftigen Schein. Da ahnte er, der Lorenz, dass es ernst werden würde. Wieviel las man in den Zeitungen von nächtlichen Überfällen und wie schlecht erging es den Opfern.

Dabei, dachte er, bin ich doch ein friedlicher Mensch und tue niemandem etwas zuleide.

Je näher er den drei Gestalten kam, um so mehr wuchs seine Angst. Dann dachte er an seine Geldbörse. Ja freilich, die war bestückt mit fünfzig Euro.

Aber, so dachte er, die würden ihn überfallen, wenn er auch nur einen Euro im Sack hatte. Sie konnten ja nicht wissen, wieviel Geld er bei sich trug.

Dann kam ihm der Einfall, ganz einfach auszureißen, kehrtzumachen und davonzuspringen.

Aber hatte er denn überhaupt eine Chance gegen drei? Einer von denen war sicher ein Sprinter und würde ihn schnell eingeholt haben.

Wegen der überflüssigen Verfolgungsjagd wären sie dann zudem schlecht aufgelegt.

Das riskierte er lieber nicht.

Jedenfalls lief er immer langsamer dem Unheil entgegen. Himmel, dachte er, sonst sind um diese Zeit doch noch andere Menschen unterwegs! Heimkehrer aus Wirtshäusern, aus Theatern und Kinos!

Aber nein, ausgerechnet heute war niemand auf der Straße. Wo waren sie denn, die Nachtschwärmer, die späten Vergnügungssuchenden der Großstadt? Nichts, nichts. Es fuhren auch keine Autos, kein Radfahrer ließ sich blicken und schon gar keine Polzeistreife.

Ach, es war zum Verzweifeln!

Komisch, dachte er noch, welche Gedanken einem in einer solchen Lage durch den Kopf sausen, da sind Gedanken schneller als die eigenen Schritte!

Er hatte ja auch schon gelesen, dass einem bei Lebensgefahr noch einmal das ganze Leben in Sekundenschnelle vor den Augen abläuft und so ähnlich ging es ihm jetzt.

Er erinnerte sich an vieles in seinem Leben.

Die drei Gestalten kamen indes immer näher und es wurde ihm immer mulmiger im Magen.

Und wenn ich bei ihnen bin, ging es ihm durch den Kopf, was dann? Soll ich mich von ihnen wie ein Schlachtschaf erledigen lassen? Vielleicht habe ich eine Chance, wenn ich sie anspringe mit dem Mut der Verzweiflung? Ich bin doch ein gewandter Mann. Aber dann sagte er sich, dass es eine Dummheit wäre, alle drei anzugreifen, das würde nicht gut ausgehen.

Oder, überlegte er, sollte er zu den dreien einfach »Guten Abend« sagen? Die Höflichkeit ist auch eine Waffe.

Halt ja, dachte er, ich könnte ja immer noch auf die andere Straßenseite wechseln ..., aber die würden mir doch folgen. Es war alles aussichtslos!

Jetzt, o Gott, waren es nur noch zehn Meter!

Als die drei heran waren, direkt unter einer müden Straßenlampe, zog der Herr Lorenz klopfenden Herzens seinen Hut und murmelte mit heiserer Stimme: »Guten Abend, meine Herren ...«

Da blieben die drei stehen und einer von ihnen rief: »Wir sind keine Herren ... wir sind die Heiligen Drei Könige ...«

Und ein zweiter sagte: »Wir sind sozusagen kirchlich unterwegs mit unseren Opferbüchsen. Wir haben heute Abend ein ganzes Viertel abgeklappert und viele Spenden bekommen. Dabei haben wir uns arg verspätet und jetzt sind wir auf dem Heimweg ... Wir haben ziemlich Angst, dass wir unter die Räuber fallen mit unserem eingesammelten Geld.«

Da kollerte dem Herrn Walz ein mannsdicker Stein vom Herzen, zumal er im mageren Schein der Straßenlampe sah, dass die drei noch recht jung waren ... und einer hatte ein schwarzrußiges Gesicht. Alle drei trugen sie ihre goldenen Pappkronen und die Opferbüchsen in den Händen.

Was soll man sagen? Der Herr Walz zog seine Geldbörse, fischte einen Zehneuroschein heraus und steckte ihn in die Opferbüchse des Eingeschwärzten.

Dann rief er laut: »Gute Nacht, ihr Könige!« und ging erleichtert weiter. »Kann ja sein«, murmelte er, »dass die drei vor mir auch Angst hatten ... obwohl, sie waren immerhin zu dritt.«

In dieser Nacht schlief er gut und träumte bestimmt von den Heiligen Drei Königen.

SIEGLINDE OSTERMEIER: Kripperlsucht

»Wos moanst, fahrn mia heier noch Neapel?«

»Wos, wia, warum ...«, frog i a bissl verwirrt und ned ganz sicher, ob i mi verheard hob, weil se mei Mo ja grod rasiert und i mia d Zähn putz und do scho amoi a akustischer Fehler passiern ko. Und außerdem ham mia erschd Februar.

»In Urlaub! I hob mia denkt, mia fahrn heier noch Neapel«, wiederhoid mei Mo ganz langsam und deitlich, wia ma hoid mid am begriffstutzign Kind redd.

»Wia kimsd jetz auf Neapel? Mia woitn doch heier in d Lüneburger Heide fahrn«, sog i.

»Geh, wos waar denn do intressant? Nix wia Heidekraut und Schof, des is do langweilig«, sogd er.

»Und wos wuisd in Neapel? Wos gibd s na do Intressants?«

»Schof.« – »Schof???«

»Schof und den Hirtn natürle aa. Du woasd doch, dass mia für mei Neapolitanische Krippn no drei Schof und da Hirt abgengan. Vielleicht kannt i aa no aa poor Henna midnehma, de wo hoid do dazua ghearadn. Und des Schicka is oiwei so teier und ma waoß nia, ob oiß guad okimd. Do hob i mia hoid denkt, do fahrn mia gscheida sejba hi und mia kanntn des mid am Urlaub verbindn, wos moanst?«

Natürle hob i scho lang kapiert, wo er nauswui und woaß aus Erfahrung, dass des »wos moanst?« bloß so a Gred und des Neapel scho a beschlossne Sach is. Vo meim Mo beschlossn, weil dea seid dreiahoib Jahr Krippn sammeld. So wia andere Briafmarkn, bloß ned ganz sovui, aba genauso deier und vui unhandlicher. Dass er früher – wo i amoi auf Rimini oda Rom woit – oiwei eher ned recht zong hod mid Italien, weil eahm des angeblich z unsicher war, do konn er se nimma dro erinnern. I schreib oiso de Lüneburger Heide ob und Neapel in unsern Urlaubskalender ei.

Weil i mi scheinbar so kampflos ergib, start mei Mo glei den nächstn Angriff: Und wenn jetz im Früahjohr amoi a scheena Dog is, kannt ma doch noch Tschechien fahrn. Do hod da Franz vo unserm Krippnbauverein de gschnitzde Holzkrippn ghoid, ganz günstig! Des daad se lohna – und a scheena Ausflug waars aa. Damidsd du aa wos hosd davo«, sogd er no. Wia i aba moan, dass i ja scho lang amoi auf so an tschechischn Markt mecht, glaabd er ned, dass mia des aa no in den oana Dog neibringa.

Zwoa Dog leids aba ned, weil sunst da Urlaub nimma glangd, wo ja für Pfingstn scho Südtirol aufm Programm stehd, weil er doch letzts Jahr mid dea Vatikankrippn ogfanga hod, de wo s do gibd. Und überhaupts is ja ganz Südtirol so voigstopfd mid gschnitzde Krippn, dass ma do mindestens oamoi im Jahr hi muaß. Do deaf i aa midfahrn und wenn i Glück hob, is sogor a kloane Wanderung drin – alloa natürle, weil er ja stark beschäftigd is, bis er de ganzn einschlägign Gschäfta und Schnitzer absolviert hod. Wenn mia hoamfahrn, platzd da Kofferraum scho fast und i siehg des aa glei ei, dass do unsa Bergwanderausrüstung nimma Platz ghabd häd.

Rumkema dean mia scho, seid mei Mo de Kripperlsucht hod. Vorigs Jahr warn mia sogar amoi do irgendwo in da Näh vo Würzburg (de Würzburger Residenz ham mia dann aba leider nimma gschaffd), do gibds so an Klosterladn mid Krippn aus Peru und Afrika und Japan. So schwarzbraune Makondekrippn aus Afrika daadn eahm gfoin, weil de da Franz aa hod, aba de san mehra so nackad und mia gfoins eigentle ned, aba i versteh do hoid nix davo, moand mei Mo.

I waar dann scho eher für so alpenländische, hoid so hoizgschnitzde aus Oberammergau. Dann gibds aa no oa, de wo ma erschd oziang muaß und des is natürle mei Arbad. Für mi no amoi an Pullover stricka oda a Gwand nahn, des konn i vergessn – naa, i sitz jedn Omd do und dua winzige Jackerl und Hoserl nahn und für d Hirtn Wadlstrümpf stricka.

Des muaß natürle oiß rechtzeitig fertig sei bis zur Adventszeit, weil dann san mia voi beschäftigd midm Aufstejn vo de Krippn. Des is fej a Arbad! Zerschd wean amoi de Schachtln vom Keller rauftrong, de Figurn ausgwickld und vorsichtig saubergmacht, de Krippnstoi wean ausbessert, Moos und Zweigl ausm Woid ghoid und hoid oiß zamagsuachd, wos ma sonst no dazua braucht.

Zuvor muaß ma natürle d Wohnung präpariern, des hoaßt, s Wohnzimma bis aufs allernodwendigste ausraama (de übrign Möbl keman ins Schlafzimmer, weil do neamads neikimd und mia in da nächstn

Zeid aa bloß no seltn), des gleiche passiert midm Gang, und s Kindazimma, des wo mia aso nimma brauchan, stehd s ganz Jahr sowieso ausschließle voller Krippn. Weil – wos jeda eiseng muaß, aa einschlägig betroffne Ehefrauen – de ganze Sammlerei häd natürle koan Wert, wenn ma de scheena Sachan bloß in Schachtln im Keller verstecka daad. Dea is übrigens aa umfunktioniert und wos ma nimma braucht, nausgschmissn worn (des war so ziemle oiß) und mei Vorratsraum is auf an hoibn Quadratmeta zamagschrumpfd.

Oiso, kurz gsagd, de scheena Krippn miassn selbstverständle aufgstejd wean – und herzoagd! Dass des aa gwieß oi Leid erfahrn, wo ma scheene Krippn oschaung konn, für des sorgd da Krippnbauverein. Wenn mia früaha in da Adventszeit gmüatle mid a poor Platzerl um an Adventskranz gsessn san, ham mia heid jedn Omd d Stubn voi fremde Leid und de fuadan nebnbei unsere Platzerl zam.

Dazwischn miassn natürle mia de andern Kollegn bsuacha und dene eanare Krippn oschaung. Do siehgd und erfahrt ma nacha vui Intressants: wo und wia ma zu günstige Figurn kimd, wos ma no oiß für Krippn sammeln kannt (zum Beispui aus Wachs oda Ton oda Stoa oda Alabasta oda Maisstroh oda Soizdoag oda so Orientalische aus Olivnhoiz – oda aus Meißner Porzellan, wenn ma zuafällig im Lotto gwonna hod), wo ma de Schindln und den Loam für den neia Krippnstoi herkriagd und no a poor geheime Tipps, de wo ma aba unta koane Umständ weidaverzejn deaf. Dann gibds no etle Krippnfahrtn und größere Ausstellungen und …

Aba boid noch Heiligdreikini wean dann unsere Krippn wieda eipackld (außer de im Kinderzimmer, weil de ja s ganz Jahr steh bleim). Do san mia gwieß etle Dog beschäftigd, des braucht oiß sauba in Papier und Schachtln verstaun, gründle beschriftn, damid ma s nächsts Jahr wieda findd und s Wohnzimmer muaß wieda eigraamd, da verkrazde Parkett nochgschliffa und da Teppich greinigd wean.

Dann kimd de gmüatliche Zeid, wo mia midnanda weida an de nächstn Krippn arbadn – mei Mo im Keller an am neia Stoi und i näh im Wohnzimma an Lodnumhang fürn Josef vo da Alpnländischn. Oamoi im Monad is dann a Treffn vom Krippnbauverein, do wo ma nacha beispuisweis aa erfahrn, wo mia nächsts Johr in Urlaub hifahrn miassn: ins Erzgebirg vielleicht, weils do gor so bsonders kunstvoi gschnizde Krippn gibd – sogar vo inna beleicht. De Lüneburger Heide is hoid scheinds koa so a berühmte Kripperlgegnd.

Nachwort

»Und scho is wieder Weihnachten …« – gerade, wenn man bereits eine ansehnliche Anzahl an Weihnachtsfesten miterlebt hat (als Kind, als Vater, vielleicht sogar schon als Großvater), dann mag es einem so vorkommen, als ob die Zeitabstände dazwischen immer kürzer würden. Gewiss spielt dabei der Umstand eine Rolle, dass die Advents- und Weihnachtszeit einem hergebrachten Ritual folgt und der Ablauf der Feiertage sich meist ziemlich ähnlich gestaltet. Rituale geben einem im Leben Halt, Festtage sind Fixpunkte im Jahresablauf. Und da das Weihnachtsfest immer am gleichen Tag gefeiert wird, ist es eben auch ein ganz besonderer Orientierungspunkt.

Doch obwohl sie ganz sicher wissen, dass am 24. Dezember der Heilige Abend ansteht, werden viele Leute jedes Jahr wieder davon überrascht, was alles vorher noch zu erledigen, zu besorgen, zu bedenken ist. Und dann müssen in dieser knappen Zeitspanne auch noch Weihnachtsfeiern, Krippenspiele, Christkindlmärkte und Adventskonzerte besucht oder organisiert werden. Die freudige Erwartung mag zusätzlich dazu beitragen, dass bei diesen ganzen Aktivitäten spaßige Zwischenfälle nicht ausbleiben. Und das ist auch gut so, denn was könnte der Freude zuträglicher sein als ein fröhliches Lachen?

Aus demselben Grund gibt es neben den vielen andächtigen Weihnachtsgeschichten aus Bayern auch eine gehörige Anzahl an lustigen Texten. Aus den neunundsiebzig Weihnachtsbüchern der Verlagsanstalt »Bayerland« davon eine Auswahl zu treffen, war eine schöne, nicht immer einfach zu lösende Aufgabe – denn zu bestimmten Ereignissen, etwa dem »Auftritt« des Nikolaus, kann fast jeder von einem erheiternden Erlebnis erzählen. Doch die wirklich heiligen Geschehnisse der Christnacht scheinen sich der Betrachtung unter einem heiteren Aspekt eher zu verschließen. Ein erstaunlicher Umstand, soll doch das Christkind schon in der Krippe gelächelt haben. Mit unserem achtzigsten Weihnachtsbuch hoffe ich, Sie, verehrte Leserin und verehrter Leser, zu einem solchen Lächeln zu bringen und Ihnen eine kleine Weihnachtsfreude zu bereiten.

Klaus Kiermeier
Verleger

Quellen

Hans Breinlinger: *Der gestohlene Christbaum* aus: Weihnachten mit Franz Xaver Breitenfellner. Geschichten, Verse und Lieder von Advent bis Dreikönig. Dachau 1991.

Lena Christ: *Das Christkindl* (Titel vom Herausgeber), Auszug aus: Lena Christ: Lausdirndlgeschichten. München 1913.

Lena Christ: *Die Christbaumversteigerung* (Titel vom Herausgeber), Auszug aus: Lena Christ: Erinnerungen einer Überflüssigen. München 1912.

Anna Croissant-Rust: *Wer fürchtet sich vorm Klaubauf?* (Titel vom Herausgeber), Auszug aus: Anna Croissant-Rust: Die Nann. München 1906.

Josef Fendl: *Der Nikolaus bei Habersacks* und *Ochs und Esel* aus: Josef Fendl: Die Entführung aus der Krippe. Schmunzelgeschichten für die Advents- und Weihnachtszeit. Dachau ³2011.

Günter Goepfert: *Die Rau(sch)nacht des Alois Silbernagel* aus: Günter Goepfert: Wenn die Kerzen brennen. Besinnliches und Heiteres von Nikolaus bis Dreikönig. Dachau 1987.

Oskar Maria Graf: *Das verpfuschte Theaterspielen*, aus: Oskar Maria Graf: Die Weihnachtsgans und andere Wintergeschichten, Hrsg. von Ingrid Simson. © 2004 List Verlag in der Ullstein Buchverlage GmbH, Berlin.

Harald Grill: *O Tannenbaum, o Tannenbaum …* aus: Werner Simon und Stefan Wilfert (Hrsg.): So viel Licht. Von Advent bis Bethlehem. Dachau 1999.

Ingrid Hagspiel: *Heiligabendmahl* (dort unter dem Titel *Bratwürst und Kartoffelsalat am Heiligen Abend*) aus: Ingrid Hagspiel: Um Weihnachten rum. Erinnerungen und Betrachtungen zum schönsten Fest. Dachau 1999.

Maria Jelen: *Der Saudiebstahl* und *Als ich das Christkind sah* aus: Maria Jelen: Das lebendige Christkind. Gedichte und Geschichten. Dachau 2000.

Leopold Kammerer: *Einfach gekonnt* und *Eine denkwürdige Weihnachtsfeier* (dort unter dem Titel *Die Christbaumversteigerung*) aus: Leopold Kammerer: Vom Kathreintanz zur Weihnachtsgans. Geschichten und Gedichte. Dachau ⁷2011.

Leopold Kammerer: *Zu was denn an Christkindlmarkt?* und *Der geschenkte Christbaum* aus: Weihnachten mit Leopold Kammerer. Gedichte, Geschichten und Krippenspiele. Dachau 1992.

Margaret Kassajep: *Fräulein Nikolaus* aus: Alfons Schweiggert (Hrsg.): Heut kommt der Nikolaus! Geschichten und Gedichte von Sankt Kathrein bis Nikolaus. Dachau 2003.

Annemarie Köllerer: *Der Erzengel Michael* aus: Annemarie Köllerer: Aufs Christkindl warten. Gedichte, Lieder und Geschichten zur Weihnachtszeit. Dachau 1997.
Annemarie Köllerer: *'s Christbaumkaffa* aus: Annemarie Köllerer und Elfie Meindl: A kloans Liacht kimmt auf. Gedichte und Geschichten zur staaden Zeit. Dachau 2007.
Heinrich Ludwig: *Drei dunkle Gestalten* aus: Monika Pauderer (Hrsg.): Das schönste Christkindl. Verserl und Geschichten von Nikolaus bis Dreikönig. Dachau 2002.
Heinrich Ludwig: *Kopfschein* aus: Elfie Meindl und Heinrich Ludwig: Der Weihnachtsschneemann. Gedichte und Geschichten rund um Weihnachten. Hrsg. von Werner Simon. Dachau 1998.
Jutta Makowsky: *Adventskerzen; Christbaum für die Katz* und *Tante Selmas »Herinkssalat«* aus: Jutta Makowsky: Nikolaus und Weihnachtsmann. Vergnügliches zur Weihnachtszeit. Dachau 2002.
Jutta Makowsky: *Backzillus liegt in der Luft; Ein Engel im U-Bahn-Bereich* und *Biblische Ereignisse* (dort unter dem Titel *Am Heiligen Abend kam die Sintflut*) aus: Jutta Makowsky: Ein Teuferl am Christbaum. Stimmungsvolles, Heiteres und Kritisches zur Weihnachtszeit. Dachau 2010.
Robert Naegele: *Zweige für einen Adventskranz* und *Dr Kripplesberg* aus: Werner Simon und Stefan Wilfert (Hrsg.): So viel Licht. Von Advent bis Bethlehem. Dachau 1999.
Sieglinde Ostermeier: *Kalenderadvent; Weihnachtsgruaß* und *Ned oiß* aus: Sieglinde Ostermeier: Koa Zeit für Engl. Neue Spiele, Verse und Geschichten zu Advent und Weihnachten. Dachau 1998.
Sieglinde Ostermeier: *Kripperlsucht* aus: Helmut Zöpfl (Hrsg.): Kripperl-Geschichten. Dachau 2003.
Sieglinde Ostermeier: *Mid de guadn Vorsätz* aus: Sieglinde Ostermeier: Wenn heit zu mia a Engl kaam. Spiele, Verse und Geschichten zu Advent und Weihnachten. Dachau ²2004.
Monika Pauderer: *Alles dreht sich um Weihnachten!* aus: Monika Pauderer: Es war a wundersame Nacht. Erdachtes, Erlauschtes und Erlebtes zur weihnachtlichen Zeit. Dachau 2011.
Monika Pauderer: *Backen macht lustig!* aus: Monika Pauderer: Jetzt kommt die schönste Zeit im Jahr. Ein Weihnachtsbuch. Dachau 2009.
Günter Renkl: *Waffenstillstand* aus: Günter Renkl: Einwärts geht's. Geschichten und Gedichte zur Weihnachts- und Winterzeit. Dachau 1985.
Rolf Rettich: *Robert zu Weihnachten* aus: Werner Simon und Stefan Wilfert (Hrsg.): So viel Licht. Von Advent bis Bethlehem. Dachau 1999.
Astrid Schäfer: *Engel gibt's* (gekürzt) aus: Astrid Schäfer (Hrsg.): Weihnachten für die Katz. Schmunzelgeschichten. Dachau 2015.

Herbert Schneider: *Alle bösen Geister!*; *Ein Geschenk für Anita* und *Weißwürscht für den Frieden* aus: Herbert Schneider: A bsondra Tag. Gedichte, Sprüche und Geschichten für die Weihnachtszeit. Dachau 2013.
Herbert Schneider: *In der Falle* aus: Alfons Schweiggert (Hrsg.): Auf dem Christkindlmarkt. Geschichten und Gedichte aus Bayern. Dachau 2005.
Alfons Schweiggert: *Der Tanzengel* und *Das Christkind im Postamt*. Aus: Alfons Schweiggert: Schöne Bescherung allerseits! Humorvoll-Satirisches zur schönsten Zeit des Jahres. Dachau 2006.
Sigi Sommer: *Kripperlmarktbericht* aus: Helmut Zöpfl (Hrsg.): Es geschah zur Nacht. Das große alpenländische Vorlesebuch für den Weihnachtsfestkreis. München 1992. Mit freundlicher Genehmigung von Luise Pallauf.
Ludwig Thoma: *Der Christabend* aus: Ludwig Thoma: Gesammelte Werke in sechs Bänden. 3. Bd. München 1968.
Hanns Vogel: *Wias Christkindl von Arzlbach verschwunden is* und *Zacherl und die Christbaumhandlerin* aus: Hanns Vogel: Von Niklo bis Dreikini. Bayrische Geschichten und Gedichte um die staade Zeit. Dachau 1982.
Karl Heinrich Waggerl: *Die stillste Zeit im Jahr* (Titel vom Herausgeber), Auszug aus: Karl Heinrich Waggerl: Das ist die stillste Zeit im Jahr. © Otto Müller Verlag, Salzburg 1976.
Oskar Weber: *Wenn in der Mettennacht die Rösser reden* und *Dreikönigsmenagerie* aus: Weihnachten mit Oskar Weber. Geschichten, Szenen und Verse bayerisch-österreichischer Autoren. Dachau 1988.
Lieselotte Weidner: *Aber der Hans, der kann's* aus: Lieselotte Weidner: Kimm, staade Zeit. Verserl und Geschichten zwischen Advent und Dreikönig. Dachau ^{5}2010.
Kurt Wilhelm: *Niggelaus* aus: Alfons Schweiggert (Hrsg.): Heut kommt der Nikolaus! Geschichten und Gedichte von Sankt Kathrein bis Nikolaus. Dachau 2003.
Gerhard Winkler: *Die Schlacht von Bethlehem* aus: Kammerers Bayrischer Hausschatz. Hrsg. von Leopold Kammerer. Bd. 2, Dachau 1985.
Walter Zauner: *Der Christkindlmarkt-Experte* aus: Alfons Schweiggert (Hrsg.): Auf dem Christkindlmarkt. Geschichten und Gedichte aus Bayern. Dachau 2005.

Herausgeber und Verlag danken den Autoren und Verlagen herzlich für die Erteilung der Abdruckgenehmigungen. In Einzelfällen war es trotz gründlicher Recherchen nicht möglich, die Rechteinhaber ausfindig zu machen. Wir bitten diese, sich an die Verlagsanstalt »Bayerland« zu wenden.